目撃証人への反対尋問
証言心理学からのアプローチ

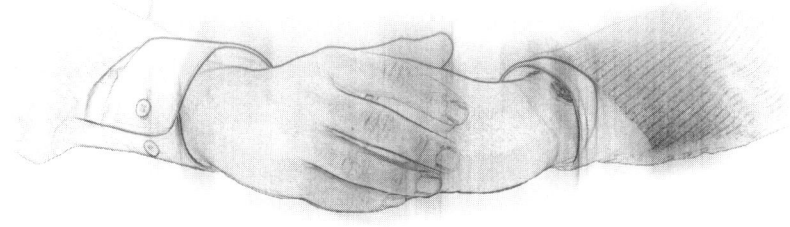

B. L. カトラー 著

浅井千絵・菅原郁夫 共訳

北大路書房

EYEWITNESS TESTIMONY
by
Brian L. Cutler

Copyright © 2002 by National Institute for Trial Advocacy

Japanese translation published by arrangement with
National Institute for Trial Advocacy
through The English Agency (Japan) Ltd.

訳者序文

　これまでの目撃証言研究の文献は，目撃証言の信憑性について心理学研究者へ向けて書かれていたものが多かった．それに対し，本書は実際にそういった知見を使用する弁護士や検察官といった法実務家へ向けて書かれている．そのような読者にとって，本書はおもに2つの価値をもつ．1つ目の価値は，これまでの証言心理学の知見を尋問技術，とりわけ目撃証人への反対尋問といったきわめて実践的な場面に応用し，客観的，科学的な根拠に基づいた合理的な反対尋問技術を展開する点であり，もう1つは，それらの尋問技術が陪審という一般市民の説得のための技法として語られている点である．

　1つ目の価値に関してもう少し詳しく述べるならば，以下のことがいえよう．目撃証言の信憑性については，これまで多くの心理学者がさまざまな研究を重ね，多くの知見を生み出してきた．また，そういった知見を紹介した本や論文もこれまでに数多く公刊されている．しかし，それらの大部分は，心理学研究の成果の披瀝であり，法律家にとっては貴重な学術文献ではあるが，法実践の場においては，必ずしも使い勝手のよい知識とはいえなかった．その点，本書はまさに豊富な目撃証言研究の知見をより実践的に証人尋問の場面にあてはめ，いかなる場合に，どのような尋問をすべきかを的確に示している．

　本書では，多くの人が確信を持った証人であれば，誤ったものも含め信用するという事実，誠実かつ高潔な証人であっても証人自身が気づかぬうちに誤りを犯しうるという事実を指摘し，誤った同一性識別をもたらしうる多くの要因に対し注意を喚起するような尋問を推奨する．その核心は，目撃証人が誤った同一性識別をなしている場合，証人の過ちを攻撃し，過ちを認めさせるべく責め立てるのではなく，反対尋問において，証人の人格を認め，その誠実さを認めたうえでも誤りが生じうる可能性を客観的に示すことを推奨する点にある．本書では，目撃証言研究の諸知見が，同一性識別の誤りを証人の人格の問題から解放することに大きな役割を果たしている．法実践の場における目撃証言研究の新たな価値が示されているといえよう．

次に，本書が陪審員を説得するための技法として尋問技術を語る点も読者にとっては大きな意義をもつものであろう。周知のように，日本においても，市民が司法に参加する「裁判員制度」の導入が 2009 年までに予定されている。この制度は，一般市民が裁判官とともに重大な刑事事件において，その事実認定および量刑判断を行なうものであり，これまでの市民と司法の関係を劇的に変化させるような試みといっても過言ではない。

　この裁判員制度は陪審制度とは種々の点において異なる制度ではあるが，特別な資格や知識を持たない一般市民が直接訴訟手続へ参加し，これまで反映されることがなかった市民感覚を司法の判断に組み込む点においては陪審と共通する要素も多い。

　この裁判への一般市民の参加は，司法へのよい意味での一般市民感情の導入をもたらすが，同時に誤解や偏見といった悪い意味での市民感覚を司法の場に持ち込む可能性もある。陪審制度のもとでは，そのような悪い市民感覚の排除のために種々の工夫がなされてきたが，裁判員裁判のもとでも程度の差こそあれ，同様の配慮が必要となろう。その点を本書では，心理学的知見に基づき，一般市民たる陪審員が用いがちな誤った常識をどのように排除し，適正な判断に導くかが丁寧に語られる。陪審員の選定段階から陪審を教育し，裁判官の説示を先取りした説明を行なう点や，証人と自らの立場を重ね合わせる傾向のある陪審員の前ではけっして証人を責めてはならないとする本書の指摘は，今後の日本における裁判員裁判においても大いに参考になる点であろう。また，現状では必ずしも多くはない証言心理学者による鑑定といったものも，裁判員裁判導入後にはより多く利用されることが予想され，その位置づけの説明，利用法等も参考にされるべきである。

　もちろん，日米の制度は根幹において大きく異なる。そのため，本書において指摘されるいくつかの点は直接日本の制度にはあてはまらない。たとえば，本書が前提とする証拠法は日本には存在せず，公判前の開示制度も日本とは異なる。また，本書で引用される目撃証人への対処に関するガイドラインのようなものも日本には存在しない。したがって，それらの点にかかわる記述は現状では直接的に参考にはならない部分が多い。しかし，それらの部分に関しても，証拠法が何を専門家証人に要求し，証拠開示の成果やガイドラインがどのよう

訳者序文

に法廷において用いられかを知ることによって，これらの制度や基準のもつ意義をより深く理解することが可能であり，今後の立法論や政策論に対してもつ意義はけっして小さくない。

本書には目撃証言に関する基本的な心理学知見やそれら諸知見を前提とした尋問技術のエッセンスが詰まっている。本書が裁判員裁判の実施を目前に控える日本において，より多くの実務家の方々の実用的な手助けなること祈念する。

本書の原著はブライアン・L・カトラー教授の『Eyewitness Testimony: Challenging your opponent witness』である。訳出にあたってはなるべく原著に忠実であるように試みたが，部分的には正確性よりも読みやすさを優先し，意訳を試みた箇所もある。また，原著では連邦司法協会（NIJ: National Institute of Justice）の『目撃証拠：実践のためのガイドライン（Eyewitness Evidence: A Guide for Law Enforcement）』がしばしば引用されているが，日本においてはこのガイドラインを参照することが必ずしも容易ではない。そのため，本書では読者の便宜を考え，同ガイドラインの中核部分を付録として引用訳出した。

本書は研究書としてよりも，弁護士実務の実践書として全米法廷技術研修所（NITA: National Institute for Trial Advocacy）から同研修所の双書として刊行されたものである。本翻訳書の出版にあたっては，同研修所の教育センター長の Terre Rushton 氏および同研修所の元出版部長の Richad Miller 氏および現出版部長の Gregg Smith 氏に多大なるご支援をいただいた。また，NIJ のガイドラインの訳出にあたってはウィスコンシン州立大学ロースクールの Susan Steingass 教授に仲介のご尽力をいただいた。これらの方々に記して御礼を申し上げたい。

この翻訳の作成にあたっては，愛知大学法科大学院の榎本修教授，名古屋大学大学院法学研究科の堀江滋准教授に原稿を通読していただき，ご意見をいただいた。また，南山大学法学部の岡田悦典准教授には NIJ のガイドラインの翻訳にあたってご指導をいただいた。さらに，法科大学院等専門職大学院形成支援プログラムの研究員である，荒川歩氏，今在景子氏，長田理氏，金子大輔氏（現 北星学園大学），小林和之氏，羽田野由紀氏には有益なコメントをいただいた。皆様からのご指導，ご協力に心から御礼を申しあるしだいである。

最後に，本書の出版にあたっては北大路書房の関一明氏にひとかたならぬご尽力をいただいた。本書が裁判員裁判の開始を前にしたこの時期において出版可能となったのは同氏のご尽力の賜である。記して御礼申し上げたい。

2007年7月

訳者　浅井千絵

菅原郁夫

〔付記〕
　本書は，法科大学院等専門職大学院形成支援プログラム「実務技能教育教材共同開発共有プロジェクト」（PSIMプロジェクト）の成果の一部である。

日本語版への序文

　社会的な動物である人間は他者を識別する能力を備えている。日々，私たちは，家族，友人，同僚，先生，生徒，顧客，依頼者さらには新たに知り合いになった人を他者と識別している。私たちは，これらの識別を，速やかに，特段の認知的な苦労なく，かつ，高い精度で行なっている。個人の識別は，よく発達した能力であり，自分自身が行なう他者の識別を信頼するだけではなく，誰かが知っている人物を紹介したときであってもそれを信頼する。同僚が「私の兄弟を紹介したい」と言ったとき，疑いの念（たとえば，「この方はあなたの兄弟に似た誰かではなく，本当にあなたご兄弟ですか？」といった疑い）をもってそれを受けとめることはない。むしろ，兄弟であることは，正真正銘疑いのない事実として受けとめる。

　他者の個人識別を信頼することは，もちろん当然のことであり，通常は正しい。しかし，この信頼は常に私たちを助けるわけではない。一定の状況においては，完全に信頼できる人々が間違った識別をなし，しかも自信たっぷりにそれをなし，仲間から信用されるといったことが起こる。目撃証人による犯人の同一性識別場面は，間違いが通常以上に高い頻度で起こる状況の１つの代表といえる。目撃者は，しばしば同一性識別を促進するのではなく抑制するような悪条件下で，ほんの一瞬犯人を見ただけで同一性識別を行なう。また，誤った同一性識別は，誘導的な同一性識別の結果としても生じる。このような状況のもとでは，私たちは犯罪の目撃者によってなされた同一性識別に対し，疑惑の念を持って受けとめることのほうがむしろ健全であると考えるべきであろう。にもかかわらず，多くの研究は，目撃証人が目撃のなされた条件にかかわらず，強い影響力があり，信頼されていることを示している。目撃証人は，とりわけ彼らが高い確信を示したときに，彼らの正確性を評価すべき人々から高い信頼を勝ち取っている。簡単に言えば，人々は，確信を持った証人であれば，誤ったものも含めて信用してしまうのである。

　この状況は，犯罪の被疑者を誤った同一性識別から守る責任を負う弁護人

にとって大きな課題をもたらす。この課題の存在を示す1つの証拠として，DNAを用いて行なわれた無罪プロジェクト（ニューヨークのカードーゾ・ロースクールの弁護士や学生によって開始されたプロジェクト）の調査結果が，200人以上の重罪事件の犯人の無罪を導いたことを考えていただきたい（www.innocenceproject.org）。冤罪の犠牲者の多くは何年もの間，刑務所で過ごしていたのである。これらの事件のなかで，目撃証人による誤った同一性識別が，共通する要因として最も多く挙げられものの1つであった。ここでも，人々は確信を持った証人を，誤ったものも含め，信用していたのである。

　過去30年間において，目撃者の記憶に関しては，社会心理学者や認知心理学者による相当数の科学的研究がなされている。それらの研究は，目撃証人による同一性識別の正確性に影響を及ぼす要因，同一性識別の正確性を改善する方法，さらには，目撃証人の誤った同一性識別が原因で生じる冤罪から被告人を守る対策の有効性といった問題を検証している。本書はそれらの文献に基づき，弁護士やその他の法律専門家に対し目撃証人の記憶についての教育をなし，目撃証人を体系的に弾劾するための公判技術を示唆するためのものである。私の最も主要な目的は，目撃証言の信憑性をおとしめることではなく，むしろ誤った同一性識別の生じる可能性に影響を及ぼすことが知られている多くの要因に対する注意を喚起する点にある。私は，目撃証人による同一性識別のより徹底した吟味が目撃証人のより適切な評価を導き，結果として公正な裁判結果をもたらすことを期待している。私の第2の目的は，目撃証人の記憶に対する心理学研究への興味を引き出すことであり，この重要かつエキサイティングな一連の研究に科学的興味を抱いた皆さんをこの領域にお誘いすることである。

　　　　　　　　　　　2007年6月25日
　　　　　　　　　　　ノースキャロライナ州立大学　シャーロット校
　　　　　　　　　　　心理学部長　教授　ブライアン・L・カトラー，Ph. D.

発刊に寄せて

　若かったとき，私はマイアミ・デード郡の州検事のオフィスで検察官としての任期を勤めていた。ちょうど公判が終わり，他に何もやる気がしなかったときに，私は近くの法廷に立ち寄ったのだが，それは偶然にもとても劇的な瞬間であった。同僚の検察官であった友人が，大変弱々しい高齢の女性の主尋問をまさに終えようとしていた。

　「さて，アップルパイ婦人，（彼女の名前は何でもよかった）」と，あらん限りの大声をあげて，彼は訊ねた。「……法廷の中を見回していただきたい。あなたは，あなたからハンドバッグを奪い，……道端にあなたを投げ飛ばした男を今日ここのどこかに見つけられるかどうか教えてください」

　アップルパイ婦人は驚いたが，実際によくあるように，証言台から降りることができるかどうかを訊ねた。許可が得られたので，彼女は裁判所書記官が座っていた場所をゆっくり通り抜け，法廷内を歩き回り，自分の顔を彼の顔のすぐそばまで近づけた。ちらっと横目で見たり，目を見開いてじっと見たり，最後にはしばしの間凝視したが，ほとんど聞き取れないような小声でつぶやいた，「違うわ…」

　彼女は廷吏と6番の陪審員に対し同じことをくり返し，同じ結果に終わった。それから，彼女は被告人に近づき，そして同じような確認を行なった。

　そのときの公判記録は，次のようなものであった。

　　　　証　人：あー，えー！
　　　　検察官：うーむ，これ以上質問はありません。

アップルパイ婦人の話は，当時は目撃者の同一性識別はせいぜい言っても不確かな言明にすぎなかったということを示している。裁判官，検察官そして弁護人は，目撃者の同一性識別が冤罪を生み出す最も大きい原因の1つであるということを前々から知っていた。

　最近まで，目撃証人による同一性識別の不確かさについて専門家証言や科学的な証拠を陪審員に示すことは，法律によって厳格に禁止されていた。目撃者の同一性識別が信頼に足るものか否かは，陪審員の一般的な経験や，証人に対する弁護士の尋問，そして裁判所の説示に頼ることで，まさに陪審員が自分自身で成し遂げるべきことと思われていたからである。被告人側の弁護士は，光度計や，巻尺，そして被害者の眼科の診療記録をもって，法廷に現われたものである。

　検察官は「百聞は一見にしかず」であり，同一性識別にかかわる被害者の証言を拒絶することは，二次的な，そしてより残酷な被害をもたらすことになることを主張したし，弁護人はチャーリーおじさんや隣のジョーンズさんを部屋越しにちらっと見たが，それが結局はよく見てみると全く別人であったといったよくある経験を陪審員に思い出させたものである。しかし，誰も陪審員に対して本当に必要なもの，すなわち，証人の同一性識別の正確性を評価するための科学的根拠を与えなかった。その結果として生じたものは，刑事司法というシステムではなく，宝くじのようなものであった。

　ここ10年ほど前に，本書の著者であるブライアン・カトラー氏や他の心理学研究の大家の努力によって，法律学における大改革がもたらされた。

　たとえば，1997年に，マサチューセッツ州の最高裁判所は次のことを認めた。「同一性識別をなすための目撃者の能力に関する専門家証言は，事実審の裁判官の裁量において証拠として認められる」

　翌年，フロリダ州の最高裁判所はその先例に従った。主要な州や連邦裁判所

は，過去 10 年間のうちに，以下のように科学的証拠を許容してきた。たとえば，目撃者が明言した同一性識別の確信のレベルとその同一性識別の正確性との間に相関関係がないこと，暗示的な写真のラインナップ（複数面接方式による面通し）はその後生じる法廷内の同一性識別の信頼性に重大な影響をもちうるということ，ストレスあるいは拳銃の存在が信頼性に与える影響を伝えることや，「無意識的転移」の現象について陪審員に情報を与えること，そして，異人種間の同一性識別の難しさに関する証拠を提出すること，などである。これらのトピックスの多くは，カトラー教授によって提唱され，そのすべては本書において取り上げられている

　カトラー教授は社会科学のジャーナルに掲載された多くの論文の著者である。それら出版物は，間違いなく他の心理学者には読まれているが，一般的に弁護士には読まれていないだろうし，いずれにしても，彼らには理解できないであろう。しかしながら，本書は明らかに訴訟手続へ関与する者，すなわち弁護士や裁判官に向けて書かれている。本書は記憶や同一性識別の基礎となる今日証明された諸原則のよりよい理解とよりよい応用を促進することを意図し，まさにそれを成し遂げている。

ミルトン＝ヒルシュ（Milton Hirsch）
ヒルシュ ＆ マークス，LLP
マイアミ，フロリダ州

Contents

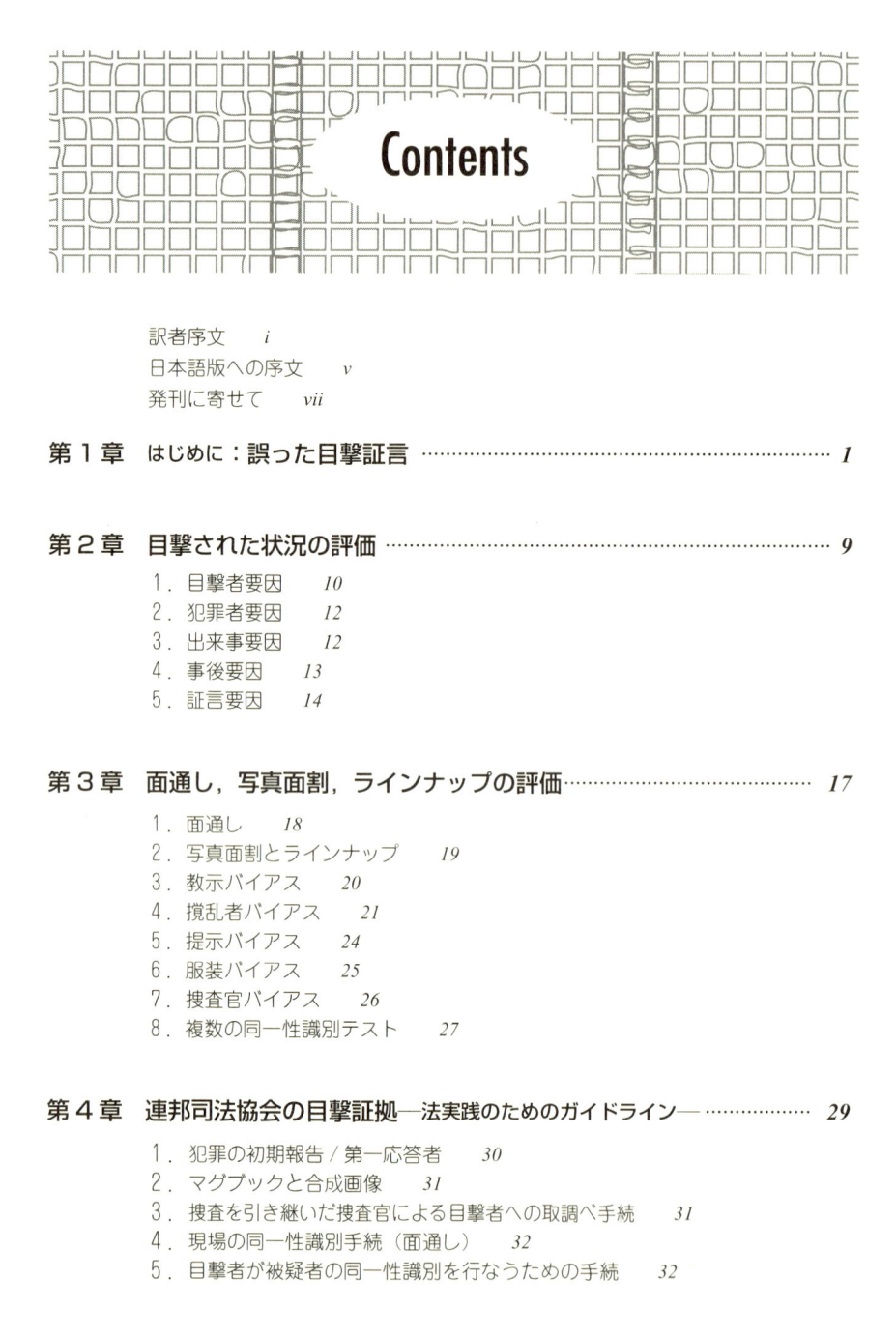

訳者序文　　*i*
日本語版への序文　　*v*
発刊に寄せて　　*vii*

第1章　はじめに：誤った目撃証言 …………………………………………… 1

第2章　目撃された状況の評価 …………………………………………………… 9
1．目撃者要因　　*10*
2．犯罪者要因　　*12*
3．出来事要因　　*12*
4．事後要因　　*13*
5．証言要因　　*14*

第3章　面通し，写真面割，ラインナップの評価 …………………………… 17
1．面通し　　*18*
2．写真面割とラインナップ　　*19*
3．教示バイアス　　*20*
4．撹乱者バイアス　　*21*
5．提示バイアス　　*24*
6．服装バイアス　　*25*
7．捜査官バイアス　　*26*
8．複数の同一性識別テスト　　*27*

第4章　連邦司法協会の目撃証拠──法実践のためのガイドライン── ……… 29
1．犯罪の初期報告／第一応答者　　*30*
2．マグブックと合成画像　　*31*
3．捜査を引き継いだ捜査官による目撃者への取調べ手続　　*31*
4．現場の同一性識別手続（面通し）　　*32*
5．目撃者が被疑者の同一性識別を行なうための手続　　*32*

6．目撃者の記憶に関する知識の飛躍的な進歩　　37

第5章　目撃証拠の証拠排除の申立て　　39

　　　1．目撃証拠の証拠排除の申立ての内容　　40
　　　2．異議申立ての審理　　41
　　　3．目撃者への質問　　42
　　　4．捜査官への質問　　43
　　　5．専門家証言　　45

第6章　陪審員の選定　　47

　　　1．予備尋問と陪審員選定の目的　　47
　　　2．目撃事件のための選定目的　　49
　　　3．教育と方向づけの目的　　51

第7章　冒頭陳述　　57

　　　1．説得力のある話をする　　57
　　　2．プロセスとしての目撃者の記憶　　58
　　　3．戦略的譲歩の提示　　59
　　　4．目撃者を疑うように陪審員を促す　　60
　　　5．陪審員を専門家証言に向けて準備させる　　61

第8章　目撃者への反対尋問　　63

　　　1．目撃者への対応　　63
　　　2．目撃時の諸要因の特定　　65
　　　3．記憶貯蔵段階要因の特定　　66
　　　4．記憶検索要因の特定　　67

第9章　捜査官に対する主尋問と反対尋問　　71

　　　1．目撃時と記憶貯蔵段階の要因を明らかにすること　　72
　　　2．暗示的な同一性識別手続を暴くこと　　72
　　　3．NIJガイドライン推奨手続との比較　　74

第10章　適切な専門家証人を見つけること　　77

　　　1．追加事項の考慮　　80

第11章　専門家証言の認容 ……………………………………………… *83*

1．「正しい科学」と「誤解を招く科学」　*83*
2．専門家証人の資格　*85*
3．関連性　*86*
4．陪審員の知識との重複　*86*
5．陪審員機能の侵害　*87*
6．陪審員の偏見あるいは混乱　*87*

第12章　専門家証言の提示 ……………………………………………… *89*

1．専門家証人に対する主尋問　*89*
2．目撃者の記憶の概観　*90*
3．符号化要因　*91*
4．貯蔵要因　*92*
5．検索要因　*93*
6．確信度　*94*
7．反対尋問と再主尋問　*95*

第13章　最終弁論 ………………………………………………………… *99*

第14章　裁判官による説示 ……………………………………………… *105*

1．証明責任の説示　*105*
2．合衆国 対 テルファイアー事件の説示　*106*
3．修正されたテルファイアー事件の説示　*108*
4．市民 対 ライト事件の説示　*110*
5．目撃証言の要注意性　*111*
6．目撃証言による同一性識別を決定する際に考慮すべき諸要因　*111*

【付録】　目撃証拠：法実践のためのガイドライン

1　犯罪の初期報告／第一応答者（予備取調官）　*117*
2　マグブックと合成画像　*121*
3　捜査を引き継いだ捜査官による目撃者への取調べ手続　*126*
4　現場の同一性識別手続（面通し）　*132*
5　目撃者が被疑者の同一性識別を行なうための手続　*134*

第1章
はじめに：誤った目撃証言

　誤った目撃証言はどのような影響力をもちうるのであろうか？　誤った目撃者の同一性識別が冤罪事例に与える影響を考えてみてほしい。

　1932年に，イェール大学法学部の教授であるエドウィン・ボーチャード（Edwin Borchard）は，『無実の人への有罪判決（*Convicting the Innocent*）』（Yale University Press）を出版した。同書には，合衆国の27州とイングランドにおける誤った有罪判決の65事例に関する研究が紹介されていた。起訴の内容には，殺人，強盗，詐欺，窃盗，文書偽造あるいは通貨偽造，そして暴行が含まれた。

　ボーチャードは，真犯人に対する有罪判決あるいは無罪を証明する証拠の発見によって「無罪」を明らかにした。彼によれば誤った同一性識別は，誤った有罪判決のおもな原因の1つであった。彼は次のように結論づけた。

…… ◆ ……

　これらの諸事例は，被害者や証人の情緒的バランスが非日常的な経験によって大きく歪められた結果，彼らの知覚能力が歪められ，その結果しばしば彼らの同一性識別が最も信頼できないものになるといった事実を物語っている。犯罪の被害者による同一性識別がいかに価値

のないものなのかは，これらの事例のうちの8つにおいて，誤って訴追された人物と最終的に有罪となった犯人がお互いに微塵も似ていない……といった事実によって示される。

…… ◆ ……

より社会科学的なアプローチを取るために，ハフ[*1]（Huff, C. R.）は44人の法務長官に対する全国調査を実施した。彼はまた，オハイオ洲の裁判官，公設弁護人，検察官ら229人にも調査を実施した。その結果，調査対象の70%以上は，誤った有罪判決は重罪事件のうち1%未満にすぎないと信じていることを明らかにした。しかしながら，20%の回答者の評価では，同様の割合が1〜5%の範囲に増加することも明らかになった。

また，ハフの行なった1,100種の雑誌やジャーナルに関する調査では，冤罪が証明された500件もの事例が取り上げられている。

さらに，著書『真の無実：裁判が誤ったときどのようにしてそれを正すか（*Actual Innocence: When Justice Goes Wrong and How to Make it Right*)』（Doubleday, 2001）の中で，バーリー・シェック（Barry Scheck），ペーター・ノイフェルド（Peter Neufeld），そしてジム・デゥヤー（Jim Dwyer）は，2000年の無罪プロジェクト—さまざまな犯罪において誤って有罪とされた個人の釈放を実現するためにDNA検査を使用するといった進行中のプロジェクト—は誤って有罪とされた79人（その後無罪となったが）を含む74件の事例を再検討した。その結果，これらの有罪判決の82%において誤った目撃証言が1つの原因となっていた。

この分野における心理学研究もまた，相当な割合で誤識別が存在することを

＊1　Huff, C, R. 1987 Wrongful conviction: societal tolerance of injustice. *Researchi in Societal Problems and Public Policy*, **4**, 99-115.

明らかにした。1982年から1990年にわたって個別に出版された4つの犯罪シミュレーション研究において，あわせて244人のコンビニエンスストアの店員と47人の銀行員が合計で536回の同一性識別を行ない，その正確性を検証した。[*2]

犯人が含まれた写真面割から同一性識別を試みた目撃者の中では，正確な同一性識別を行なった目撃者は，わずか42％にすぎなかった。無実の被疑者が含まれた写真面割から同一性識別を試みた目撃者の中では，36％が誤った同一性識別を行なった。これらの同一性識別のほとんどは，わずか2時間以内になされており，また，すべての事例は24時間以内になされていた。

実際の犯罪に関するアーカイブス研究，経験豊かな法曹に対する調査，そして心理学のフィールド研究の視点からの犯罪シミュレーション研究は，目撃者の誤った同一性識別の相当数に及ぶ事例の存在を明らかにしている。私は，どのくらいの頻度で出来事の詳細を想起する際に目撃証人が誤った報告をなすのかに関する研究を何ら知らないが，そのような事例が相当数存在すると信じるに足る十分な理由が存在しているといえよう。

なぜ我々は誤った目撃証言についてそれほどの関心をもつべきなのだろうか？　最終的には，目撃者が被告人を有罪にするわけではないし，民事事件において責任があると判断するわけではない。それらの判断の責任は裁判官と陪審員にある。そうだとすれば，なぜ被告人は，不正確な目撃証言から被告人を守るためにつくられた無数の安全装置によって十分に守られていないのであろうか？

予備尋問，証拠排除の申立て，反対尋問，専門家証人，そして裁判官の特別説示にもかかわらず，人間の記憶には限界があるため，誤った同一性識別がし

---

*2　Cutler, Brian L. and Steven D. Penrod　1995　*Mistaken Identification: The Eyewitness, Psychology, and the Law*. New York: Cambridge University Press.

ばしば生じる。

　人間の記憶は複雑な現象である。にもかかわらず，一般人は独自の判断基準に従うことから通常目撃者の記憶の正確性を適正に評価できない。この点は，実証的研究によってよく示されている。たとえば，陪審員は誤った同一性識別に影響を及ぼす可能性があるとされている諸要因を考慮しないし，誤った同一性識別の蓋然性の指標にならないとされている諸要因に強く影響される。

　本書を書くにあたっての私の目的は，目撃証言をより効果的に弾劾するために弁護士を支援することである。私はその目的を，多くは過去30年間に生み出された目撃者の記憶に関する膨大な一連の心理学研究を概観することによって行なう。目撃者の記憶の心理に関する研究であり，目撃者の記憶の正確性，目撃者の記憶に影響を及ぼす諸要因，目撃者の記憶の向上，そして目撃証言が弁護士や裁判官，陪審員によってどのように評価されるのかといった問題を取り扱うものとしては数百の本，章さらには研究論文が存在する。

　目撃証言を補強するための提言は何もしていない一方で，なぜ私が目撃証言の弾劾の点についてのみ焦点を絞るのかを読者は当然疑問に思うであろう。これに対しては2つの理由がある。1つ目の理由は，私は目撃証言は補強が必要であるとは信じていないからである。というのは，陪審員はおそらく実際の価値以上に，目撃者へ多くの信頼をすでに寄せているからである。2つ目の理由として，少しの演繹的推論を行なえば，本書で示されている情報の多くは，目撃証言を補強するためにも使用が可能だからである。たとえば，第2章は，単に誤った同一性識別をもたらす可能性がある諸要因を説明するだけではなく，誤った同一性識別を起こりにくくする諸要因をも説明している。目撃証言を補強したい弁護士は，その目撃者に対する主尋問のなかに後者の諸要因をうまく取り入れることができるといえよう。

　本書は，学術的というよりは，研究論文に対するバランスの取れた解説を提供することを意図している。読者もお気づきになるであろうが，私はすでに，

第1章　はじめに：誤った目撃証言

スティーヴン・ペンロッド（Steven Penrod）とともに，『誤った同一性識別：目撃者，心理学，そして法（*Mistaken Identification: The Eyewitness, Psychology, and the Law*』(Cambridge University Press)を執筆している。それは，このテーマのより広範な論文を含む，すぐれた情報源である。

本書『*Eyewitness Testimony: Challenging Your Opponent's*』は，脚注や参考文献が不足しているように思う読者もいるかもしれないが，ここで述べられた多くのことを補強するための十分な文献を得たいと思う方は，直接私に連絡をいただいても構わないし，あるいは私の最近の著書である上記図書を参照にすることもできる。

本書は，目撃証言研究者ではなく，実務家に照準を合わせたものではあるが，目撃証言を弾劾するための研究を利用するためには，目撃者の記憶に関する心理学研究がどのようになされているかに関する基礎的な理解は不可欠である。本章以下の数節に限定して，目撃者の記憶に関する心理学研究の方法について記述する。

目撃証言研究では科学的な方法が使用されている。この目撃証言研究は，心理学研究に求められる最高の学術水準を満たすと同時に，認知心理学や社会心理学の一部門でもある。

ほとんどの目撃研究は，模擬犯罪実験の方法論を採用する。そこでは，たとえば，大学の講義室においてたわいもない犯罪を上演したり，あるいはビデオテープに収められた犯罪の演技を見たりといったかたちで，目撃者は通常再現された犯罪場面に遭遇する。これらの研究における「目撃者」の大部分は，大学生である。我々は実際の犯罪よりもむしろ模擬犯罪実験を使用する。なぜならば，模擬犯罪実験は研究者に次のような点を可能にし，いくつかの利点をもたらすからである。

・他の要因を一定に保ちながら，体系的にいくつかの要因を操作すること。

・くり返し模擬犯罪実験を行なうこと。それによって，大きなデータサンプルが獲得され，信頼性の高い結果がもたらされること。

・目撃者が正確か不正確かについて確実に把握しうること。

　模擬犯罪実験を行なうための実践的な理由もまた存在する。研究には費用がかかるが，模擬犯罪実験は，多くの学者に対し少ないあるいは適切な予算の範囲内で目撃証言研究を行なうことを可能にする。研究のいくつかは実際の犯罪に基づいている。模擬犯罪実験に基づく研究を，実際に起きた犯罪にあてはめることに対しては懸念を示す人もあろうが，ほとんどの目撃証言研究者は諸結果が現実に適用可能であると確信している。模擬犯罪実験研究は人間の記憶の一般的な原理を発見することに成功しているといえよう。

　犯罪や事故を目撃した場合，我々の記憶システムが上記の場合と大幅に異なる形で機能すると考える理由はほとんど存在しない。実際の犯罪に基づいた研究には，実験統制の欠如や標本サイズが小さいといった事例もいくつか存在する。また目撃者が正確か否を確実に決定することが不可能であるといったことを含め，多くの限界がある。

　第2章と第3章では，目撃者の記憶に焦点をあてた。第2章では，不正確な証言をなす可能性をより高くする目撃事象にかかわる諸要因について議論する。そして，第3章では，同一性識別テスト時の暗示性に影響を与える諸要因に焦点をあてる。

　第4章では，連邦司法協会（National Institute of Justice）が，近時推奨する目撃者の証拠を収集し保存するためのガイドラインを要約している。このすばらしい一連のガイドラインは，我々の目撃証言に関する取り扱いに対し多くの変更をもたらした。

　第5章〜第9章と，第13章〜第14章では，公判前の申立てから裁判官の説

示に至るまで，裁判の通常の過程において，目撃者を弾劾するための提言を示す。

　第10章～第12章では，比較的新しい現象，すなわち，目撃者の記憶の心理学に関する専門家証人に焦点をあてた。

　また，読者の皆さんには，ロフタス（Loftus, E. M.）とドイル（Doyle, J. M.）による『目撃者の証言（*Eyewitness Testimony：Civil and Criminal*）』（Lexis Law Publishing）というすぐれた著書を参照することを私は強くお勧めする。この『目撃者の証言』は，本書のなかで提示されたトピックに関してより詳細な記述をなしている。本書中の裁判手続に関する提言の多くは，彼らの提言を直接的に引用するか，あるいは彼らの提言に由来するものである。

　　　　　　　　　　　　　　　　　　ブライアン・L・カトラー，Ph. D.

第2章 目撃された状況の評価

　目撃証言の正確性の評価のためには，出来事が目撃された状況についての十分な理解が必要である。多くの場合この情報は警察の報告書や，目撃者や調査者，また犯罪現場そのものから得ることができる。

　目撃された出来事に関連した要因には5つのカテゴリがある。それは，目撃すること自体，犯罪者，出来事，事後情報そして，証言の5つである。

- **目撃者要因**　目撃者要因は，目撃者の記憶の正確性に影響を及ぼし得る目撃者自身の特性を示している。一定の人々は他の人々よりもよりよい目撃者なのだろうか？

- **犯罪者要因**　犯罪者要因は，犯人の特徴を述べる，あるいは同一性識別をするための目撃者の能力に影響を及ぼし得る犯人の特徴を含む。一定の人々は，他の人々よりも，より簡単に識別されうるのだろうか？

- **出来事要因**　出来事要因は，目撃者の記憶の正確性に影響を及ぼしうる事故・犯罪，あるいはその他の目撃された出来事の諸側面からなる。我々はある出来事よりも，他の出来事に対する詳細をよりよく思い出すことができるのだろうか？

- **事後要因** 事後要因は，出来事が生じた後に目撃者に対して起こる状況のことである。**目撃者の記憶が出来事後になされる質問によって影響を受けることがあるだろうか？**

- **証言要因** 証言要因は，たとえば，目撃者の証言の一貫性や正確性に関する確信度など，目撃者が目撃した出来事から導き出す詳細に関する目撃者の想起の質に関する諸指標を指している。**目撃者の想起の質は同一性識別の正確性を予測するのだろうか？**

次のセクションにおいて，私はこれら5つのカテゴリのそれぞれの要因を概観する。目撃証言の評価方法を十分に理解するためには，どの要因が目撃者の記憶に影響を及ぼし，どの要因が影響を及ぼさないのかを知ることが必要である。両者の複合的な要因はその後に述べる。

1. 目撃者要因

- **目撃者の性別** 男性と女性は，目撃者として同程度の能力を有する。

- **目撃者の人種あるいは民族性** どの人種あるいは民族集団であれ，目撃者としては他の人種あるいは民族集団よりすぐれているわけではない。

- **知能** 知能は，正常とみなされる範囲内では，目撃者の同一性識別の正確性にほとんどかかわりをもたない。しかしながら，情報を想起するために言語的スキルが通常必要であることを考慮するのであれば，言語的スキルが欠如した人々に対しては，取調べに苦労することが予想されうる。

- **年齢** 幼い子どもに取調べをする際には，特別な技術が必要である。同様に，

高齢の目撃者の多くには記憶テストを行なうことが困難であろう。幼い子どもは年長の子どもや大人よりも，取調べを受ける際に，暗示の影響を受けやすく，また見知らぬ人物を認識することがうまくできない。高齢の目撃者は人や物を思い出すことよりも，情報を思い出すことのほうが苦手である。

● **顔の識別能力に関する自己評価** ある人々は，顔の認識がとても得意であると主張する。だが，これらの自己評価が妥当であるということを示唆する証拠はほとんど存在しない。

● **人格特性** 人格は記憶能力に関連性をもたないように思われる。

● **将来の記憶テストに関する期待値** ある出来事の詳細を想起し，犯人を識別するようにあとで要求されることを前もって知っている目撃者は，記憶テストが予期されていなかった目撃者よりも，より正確な記憶を有しているであろう。これは真実か誤りか？ 実際のところ，後の記憶テストへの予期が記憶能力を向上するという結論を示唆する証拠はほとんど存在しない。

● **アルコールの摂取** アルコールの摂取が認知的機能を損なうことに疑いの余地はない。酔っぱらった目撃者は目撃した出来事から少ない情報しか符号化できないことが予想される。その結果，検索された情報の質は，低くなるであろう。同様に取調べの際に，酔っぱらっている目撃者は，出来事の目撃時にしらふか酔っぱらっているかどうかにかかわらず，パフォーマンスが損なわれることが予想される。

訳注1　人間の記憶過程は，情報を獲得する「符号化段階」，獲得した情報を保持する「貯蔵段階」，そして保持している情報を必要に応じて探し出す「検索段階」の3段階で構成されている。そのなかで，最初の段階にあたる符号化は，外界からの情報を意味に変換し，記憶として保持されるまでの一連の情報処理過程にあたる。

2. 犯罪者要因

- **犯罪者の性別** 男性は特に女性よりも認識しやすいわけではないし，認識しづらいわけでもない。

- **犯罪者の人種あるいは民族性** どの人種や民族集団であっても，認識の容易さに関して，他の人種や民族集団以上にすぐれているようには思われない。

- **外見の特異性** 著しく特徴のある外見をもつ人は，より特徴のない外見をもった人よりも容易に認識される。特徴のある外見は，変わった髪型あるいは変わった顔ヒゲ，刺青，傷，あるいは他の特異な身体的特徴を含みうる。

3. 出来事要因

- **目撃時間** 目撃者が出来事を見るための時間の量は，情報を符号化するための能力に影響する。時間が短いほど，目撃者の記憶は貧弱なものになる。

- **凶器への注目** 目に見える凶器は，目撃者の注意を引きつける。その結果多様なものごとや出来事に同時に注目するための目撃者の能力は制限されている。そのため，目撃者は犯罪場面において目に見える凶器が存在する場合，他の人々や物，出来事を描写する際に正確さを欠くことになる。

- **ストレス，覚醒，そして暴力** 非常にストレスフル（緊張度の高い）な状況下で目撃された出来事（たとえば，暴力をともなう事故や犯罪）は，ストレスに誘発された心理的覚醒を生み出しうる。覚醒と能力の関係は，逆Ｕ字

型カーブとして考えることができる。きわめて低いまたは高い覚醒のレベルでは能力が低下するが，適度な覚醒レベルでは能力は向上する。その結果，目撃者の記憶能力は高いストレスレベルから悪影響を受ける可能性がある。

● **異人種間識別**　どの特定の人種あるいは民族集団であっても，他の人種や民族集団よりもより容易に識別されることはない。しかし，人種や民族性は，ある1点においては重要な意味をもつ。人は他の人種や民族集団の人々よりも自分の人種や民族集団の成員をより正確に識別する。これは顔認識研究において「自人種バイアス」と呼ばれている。

● **異性間識別**　顔の識別において"同性間バイアス"は存在しない。すなわち，人は異性よりも同性のほうをより正確に識別するわけではない。

4. 事後要因

● **保持時間**　記憶力は，時が経つにつれて低下する。しかし時間経過と記憶の関係は，直線的なものではない。記憶量は，出来事のあとすぐに最も大きく低下するが，時間の経過とともに定量が保たれるようになる。

● **顔写真を使用した捜査**　顔写真を用いた捜査の重要な問題は，それらが後の識別テストに影響を及ぼす可能性がある点である。写真帳（あるいはデジタルの提示物でも同じだが）を用いた捜査自体は必ずしも，後の同一性識別テストに影響を及ぼすものではない。しかしながら，目撃者自身が顔写真から被疑者の同一性識別を自分で行なった場合，その被疑者が実際の犯人であろうとなかろうと，当該目撃者は，その被疑者を後の写真配列やラインナップ（複数面接方式による面通し）テストで同定する可能性はより高くなる。

さらに，このパターンが生じた場合，目撃者の写真面割あるいはラインナッ

プの同一性識別が目撃者の犯人に関するオリジナルな記憶に基づいているものなのか，あるいは顔写真手続で同定した被疑者に関する記憶に基づいているものなのかどうかを知ることは不可能である。

● **無意識的転移**　ほとんどの人々は，どのようにして「その人」とわかったのかを思い出すことなく誰かを認識するといったことを経験している。無意識的転移とは，目撃者が犯罪場面以外のところで被疑者と知り合っているが，なぜその被疑者を知っているかは憶えてはいない。そのため，被疑者が犯人であるが故に被疑者を知っていると思い込んでしまうという現象である。たとえば，おそらく目撃者は被疑者をよく知っている。なぜならば，両者は同じ地下鉄の駅を利用しているからである。しかし，写真面割に直面したとき，その目撃者は，彼が地下鉄の駅で被疑者を見ていることを思い出せない。その被疑者は，目撃者にとって知り合いのように思われるが，それは被疑者が犯人であるからだと思い込んでしまうのである。目撃者は，被疑者を地下鉄の駅から犯罪場面へ「無意識的に転移している」のである。[*1]

5. 証言要因

証言要因は，目撃証言の質と同一性識別の正確性との関連性に関する要因である。この目撃証言の諸要因に関する研究は，多くの直観に反する結論を明らかにした。

● **人相描写の質**　犯人に関する目撃者の人相描写が被疑者の身体的特徴から少しでも外れた場合，我々は被疑者に関する目撃者の同一性識別を疑う傾向が

---

* 1　Huff, C, R. 1987 *Wrongful Conviction: Societal Tolerance of Injustice. Researchi in Social Problems and Public Policy*, **4**, 99-115.

ある。この疑惑は，しばしば正しいものではない。再生と再認は違ったはたらきをする。あなたは「その人」の名前を思い出すことができなかったが，他の人が「その人」の名前を言ったとき，思い出すことができたという経験があるだろう。

再生の場合，情報は自分の記憶から検索しなければならない。それに対し再認の場合は，正しい答えが提示され，必要とされるのはそれを確認することである。再生と再認プロセス間のこの重要な違いのために，目撃者の犯人の人相描写の正確性と目撃者の犯人識別の正確性との関係はわずかなものでしかない。

● **描写の一貫性**　目撃者は取り調べや裁判の過程で，一般的に何回にもわたって取調べされる。時どき，人や出来事の描写は回数を重ねるにしたがって微妙に変わってしまうことがある。常識はさておき，証言の一貫性は，証言の正確性を適格に表わすものではない。再生における不一致は，たとえば取調べ方法の違いや，取調官の期待の違いといったさまざまな要因によってもたらされる。証言内容が同一ではないということだけで，すぐに目撃者を疑ってはならない。

● **目撃者の確信度**　人や出来事の記憶に関して確信をもっていたが，後にその記憶が正しくなかったということに気づくことは，比較的よくあることである。同様に，目撃者の確信度と証言あるいは同一性識別の正確性の関係は，あるとしてもせいぜいわずかな程度にとどまる。これは，確信度と正確性は異なるものによって影響されるということから生じる。常に自信がある人が，常に正しいとは限らない。あまり自信がない人は，しばしば正確であったりする。目撃者の確信度にかかわるより大きな問題は，確信度が人に影響されやすいことである。

目撃者が情報を想起したあと，あるいは同一性識別をしたあとでさえ，その確信度は，後に学んだ情報——たとえば，取調べを行なう捜査官，あるいは他の目撃者による指摘といったもの——によって，低くなったり高くなったりする。

汚染させずに測定された場合——すなわち，取調べや同一性識別の直後で，社会的影響がないといった場合——，確信度はせいぜい正確性とわずかな結びつきをもつにすぎない。事後に生じるどのような社会的影響も，確信度と正確性のつながりを弱めるだけである。写真面割やラインナップを示される前になされた同一性識別能力に関する人々の評価は明らかに信用できるものではない。

　目撃証言に影響を与えうる多くの要因が存在する。それらのリストを作成すべきである。そして目撃者の正確性に関する情報収集と評価のためにそのリストを使用すべきである。あなたの集めた情報は，相手側弁護士と交渉する際に，またもし交渉に失敗した場合には，法廷において自らの主張を示す際に，大変有用となるであろう。

第3章

面通し，写真面割，ラインナップの評価

　写真面割やラインナップ（複数面接式による面通し）は，捜査官と目撃者との社会的な接触のなかで行なわれる。どのような人間であれ，他者との社会的相互作用の過程においては互いに影響を及ぼし合うように，捜査官と目撃者は面通しや写真面割またラインナップを通じて互いに影響を及ぼす。捜査官と目撃者間の社会的影響は，同一性識別の正確性に常に不利益をもたらすものではないが，ある特定の影響関係は弊害をもたらす。

　この同一性識別テストに関する問題は，同一性識別テストの一般的な目的とのかかわりにおいて最もよく理解される。そもそもなぜ同一性識別テストが行なわれるのだろうか？

　同一性識別テストの最も有効な使用方法は，被疑者が犯人であるという仮説を検証することである。同一性識別テストの不適切な使用例としては，たとえば，「よい目撃者は被疑者を同定することができるはずである」といった，誰であれその人が「よい」目撃者かどうかをテストするために用いる場合であろう。そのような使用方法は不適切であり，被疑者が実際の犯人であることを前提としている。

　面通し，写真面割，そしてラインナップは，被疑者が犯人であると仮定した3つの検証方法である。いかなるテストであっても，それらは，長所と同時に

限界をもっている。また，それらはある程度系統的な，あるいは偶然的な誤ちを引き起こす。

1. 面通し

「面通し」とは，目撃者が1人の被疑者を提示され，その被疑者が犯人であるか否かを訊ねられるといった形態の同一性識別テストである。それは，被疑者が犯罪直後や犯罪場面の近くで逮捕された場合に有用なテストである。そういった場面で行なわれる場合，捜査官は，たとえば，犯罪と同一性識別テストとの間の時間や，犯人が犯罪と同一性識別テストとの間で外見を変えるであろう危険性といった同一性識別の正確性を害しうることが知られている要因の影響を，最小限に抑えることができる。また，犯罪直後に行なわれる面通しは，有益な目撃者を失う危険性を最小限に抑えるといった利点ももっている。

面通しに関してはいくつかの重大な欠点もある。1つは，このテストは本質的に暗示的であるという点である。捜査官はしばしば，被疑者が犯人であると信じているが故に（同じ方法を容疑者を捜査対象から排除するために使用することができるのだが）面通しテストを行なう。

先にも述べたように，人々は，社会的相互作用の過程において互いに影響を受ける。そして捜査官と目撃者の相互作用の過程において，捜査官は目撃者に対し，被疑者が犯人であるという確信を意識的にであれ，無意識的にであれ，十分に伝えうるのである。

また意識的であれ無意識的であれ，捜査官は被疑者を犯人と識別することが捜査官にとって非常に「有用な」ものであろうということを目撃者に対し伝えることもできる。

捜査官の説明や行動とは無関係に，目撃者も，よい目撃者になるために，あるいは有罪を導くために，同一性識別をなすべく非常に高く動機づけられる可能性がある。

犯罪被害者でもある目撃者は，誰かを有罪とみなすことを大いに望んでいる可能性がある。どんな理由であろうと，積極的に同一性識別をなすよう動機づけられた目撃者は，面通しでは簡単に被疑者を犯人として識別することができるであろう。なぜならば，彼は被疑者1人だけを提示されることによって，単に指を差し，「彼が犯人です！」と言うことを要求されるにすぎないともいえるからである。

面通しがもつ本来的な暗示性に加えて，もう1つの重要な問題点は，面通しの同一性識別が犯人に関する目撃者のオリジナルな記憶に基づいたものであるか，あるいは捜査官がその被疑者を犯人であると信じているといった目撃者の推論の結果であるかを見分けることを難しくするという点である。

面通しによる同一性識別は，記憶に基づく純粋な再認であるかもしれないが，被疑者が犯人であるという捜査官の信念が正当であることを単純に確認しているだけかもしれない。これら2つの説明は，被疑者が潔白であるか否かに関して正反対の判断をもたらす。しかしどちらの説明が同一性識別判断の根拠であるかを決めることは非常に難しい。

2. 写真面割とラインナップ

写真面割とラインナップは，いくつかの点において，面通しよりもすぐれている。第1に，写真面割とラインナップでは暗示的な影響の可能性は依然として存在するが，面通しよりもより制限される。第2に，面通しと比べると，目

撃者は捜査官がどの人間が被疑者であると考えているかを推測することが難しく被疑者を同定することにより困難を感じる。

　たとえば，よい目撃者になりたいが故に被疑者を同定すべく強く動機づけられた目撃者は，面通しを用いる場合，同一性識別テストの場にはたった１人の人間しか存在しないので，識別することがきわめて容易である。面通しでは，たとえ目撃者が犯人を一度も見ていなかったとしても，被疑者を犯人であると同定することが可能である。しかしながら，同じ目撃を行なったとしても写真面割やラインナップの場合には，犯人識別を間違う可能性がある。つまり，目撃者は写真面割やラインナップのメンバーのうち被疑者ではない人物を選び出しうることを自覚するから，困難な仕事を強いられるということになる。それ故，写真面割やラインナップを用いた犯人の同一性識別は面通しによる同一性識別よりもより判定力が高い。

　面通しよりもすぐれているにもかかわらず，写真面割とラインナップもまた，ある種のバイアスに関する疑念が残る。次節以下でそれらのバイアスについて説明する。そのバイアスとは,「教示バイアス」「撹乱者バイアス」「提示バイアス」「服装バイアス」そして「捜査官バイアス」の５つである。

3. 教示バイアス

　目撃者が同一性識別テストについて与えられる教示のあり方は，テスト結果に重大な影響を及ぼす可能性がある。教示の際のわずかなバイアスでさえ，誤った同一性識別あるいは誤った拒絶の危険性を著しく増加させる可能性がある。教示が，被疑者が犯人であることを暗示すればするほど，誤った同一性識別の危険性は飛躍的に高まる。

<次の2つの教示を比較していただきたい。>
・ラインナップのなかのどの人が犯人かどうか，私たちに教えてください……

・ラインナップのなかのどの人が犯人かどうか，私たちに教えてください。あるいは，「犯人がラインナップのなかに存在していないこと」を示してください……

この教示間の違いは，2つ目の教示に，「　　」で表わされたフレーズがあることである。最初の教示において，目撃者はラインナップから犯人を選ぶことを拒絶するという選択肢を明確には与えられなかった（にもかかわらず，それは許容されるかもしれないが）。

2つ目の教示においては，前述の選択肢は明白であった。最初の教示は2つ目の教示と比較して誤った同一性識別の割合を大きく増加させる。

話しぶりにともなう非言語的手がかりを含め，目撃者が犯人識別をなすべきであるという捜査官の期待を伝える他のすべての教示の形態も，やはり誤った同一性識別の危険性を増大させる。

4. 撹乱者バイアス

写真面割やラインナップにおいて被疑者以外に現われる人物を「撹乱者」と呼ぶ。同一性識別テストは2人以上の被疑者をもつべきではない。被疑者だけしかいない写真面割やラインナップは，間違った答えのない選択問題のようなものである。

単一被疑者の同一性識別テストについて論じてみるとしよう。その場合，同一性識別テストには，被疑者1人のみと複数の撹乱者あるいは無実とわかっている者が含まれる。何を基準として，写真面割やラインナップのための撹乱者が選択されるべきであろうか？　撹乱者は，犯人に似ているという理由で選ばれるべきであろうか？　あるいは被疑者に似ているという理由で選ばれるべきであろうか？

　撹乱者の選択は重要である。不適切に選択された撹乱者は，面通し以上にラインナップや写真面割の目的を妨げる。撹乱者は，不正確ではあるが，いかなる理由であれ，同一性識別を行なうように高く動機づけられた目撃者が必然的に被疑者を選ぶことがないようにするために用いられる。したがって，目撃者は誤って撹乱者を同定し得なくはならないのである。

　犯人とほとんど，もしくはまったく類似点をもたない撹乱者を使用した場合，彼らが目撃者によって誤って同定される可能性はほとんどない。もし目撃者が犯人の身体的な特徴について何かを憶えていたのであれば，面通し同様，どのラインナップメンバーが被疑者であるかを推測することは目撃者にとって容易すぎることといえる。

　理想的にいえば，撹乱者は犯行時に目撃者が行なった犯人の人相描写を参考にして，犯人との類似点に基づいて選ばれるべきである。これらの人相描写は通常，部分的なものにすぎない。たとえば，目撃者は犯人の身長，体重，人種，髪の毛の色，そして髭について説明するかもしれないが，犯人の目の色あるいは耳や鼻の大きさについては言及しないかもしれない。

　撹乱者はすべて目撃者によってなされた人相描写に一致すべきである。しかしながら，撹乱者は目撃者によって言及されなかった身体的特徴に関してはバラバラであるべきである。これは「クローン」問題，すなわち撹乱者と被疑者があまりにもよく似ているので，正確な記憶をもった目撃者でさえ彼らを区別することができなくなるといった問題（防御不能なシナリオ）を回避するため

である。

　どのようにして，写真面割やラインナップで用いられる適切な撹乱者の集団を見つけることができるのか？　撹乱者候補を評価する典型的な方法は，私が「内部者の目撃テスト」と呼ぶものである。この内部者の目撃テストは，自分の目で全体を見ることを意味する。テストとしては不完全であるが，しばしば撹乱者がバイアスを考慮して選ばれたかどうかに対する全体的な印象を得ることができる。事実，よい撹乱者を見つけることは困難であり，特に実際の人物によるラインナップに関してはそれが強くあてはまる。

　撹乱者の質をより形式的に評価する手続は「機能的サイズ評価」と呼ばれている。「機能的サイズ」は，写真面割やラインナップにおいて，犯人の人相描写と一致する者の数を指す。「効果的サイズ」は，写真面割やラインナップメンバーの実際の数のことを指す。

　写真面割の機能的サイズを評価することは容易である。まずはじめに，犯罪に関して何も知らない30人程度の人々に，犯人に関する目撃者の人相描写と写真面割を示す。それぞれ単独で犯人の人相描写を読ませ，次に写真面割から犯人を同定させる。それから，同一性識別の総数を被疑者が同一性識別された数で割る。そうすれば，その数が写真面割の機能的サイズの評価である。

　たとえば，もし30人の同一性識別のうち25人が被疑者を選択した場合，あなたの写真面割の機能的サイズは30/25，あるいは1.20である。これはバイアスのかかった撹乱者の写真面割である。目撃者の人相描写に基づくのみで，犯人を見たことがない人でさえ被疑者を同定することができることになる。それでは面通しと同じということになる。対照的に，もし30人のうち5人が被疑者を同定したのであれば，その機能的サイズ評価は30/5，あるいは6.0である。すなわち，撹乱者バイアスに関していえばより公平な写真面割である。よい写真面割やラインナップは少なくとも3.0の機能的サイズをもつべきであろう。

これらの機能的サイズの推奨は，同一性識別をしようとする目撃者が事前に犯人の人相描写をなし，被疑者の特徴が目撃者の人相描写と大体一致しているという筋書きを前提にしている。その被疑者は，まさに犯人の人相描写と一致するという理由で，被疑者となるかもしれない。しかし，それだけが起こり得る唯一の筋書きではない。

　しばしば人々は，彼らの身体的風貌以外の理由で被疑者になるし，しばしば被疑者の身体的特徴は目撃者によって人相描写された犯人の身体的特徴とは一致しない。そういった事例においては，写真面割とラインナップは，犯人の人相描写と一致する人と被疑者に似た人物とを組み合わせた内容にすべきである。

5. 提示バイアス

　写真面割とラインナップを実施する際の典型的な方法は，目撃者が同時にすべての写真，あるいはラインナップのメンバーを見るといった同時提示の手法を用いている。そして（もし，そのなかにいるようであれば）どれが犯人であるかを決定する。

　多くの研究は，それに代わる提示方法のほうがすぐれていることを示してきた。順次提示の場合には，目撃者はそれぞれの写真やラインナップのメンバーを一度に1人ずつ見せられる。その際どのくらいの人数を目撃者が見るであろうかということは告げられない。それぞれの写真やラインナップが提示されたとき，目撃者はその人物が犯人であるか否かを答える。そして，同一性識別がなされた場合，その手続は終了する。また，目撃者は写真を比較することを許されない。

　（同時提示手続にもバリエーションがあるのと同じように）順次提示手続に

もいくつかのバリエーションがある。

　研究は，同時提示と順次提示では，正しい犯人の同一性識別は，同じ程度で生じるが，誤った同一性識別のほうは，順次提示よりも同時提示のほうがより多く生じる傾向があることを示している。したがって，順次提示のほうが好ましい方法といえる。

6. 服装バイアス

　目撃者が最初に警察で犯人について報告する場合，通常彼らは身体的特徴に加えて犯人が着ていた服装についても述べる。彼らはしばしば，犯人の服装を思い出し，それは再認するための手がかりとして役に立つことになる。しかし，同時にそれは誤った手がかりとなる場合もある。

　もし写真面割やラインナップのなかに犯罪場面で犯人が着ていたものと類似する服を着ている被疑者が現われた場合，目撃者には服装を根拠に彼を同定するであろう危険性が大いに存在する。

　服装バイアスの危険性は，次の2つの方法によって減少させることができる。

・写真面割やラインナップにおいて，被疑者と思われる者に犯行場面と異なる服を着せること。

・すべての撹乱者と被疑者に，犯罪場面で犯人が着ていたものに類似する服を着せること。

　これらの方法によって，服装の手がかりが目撃者を誤った同一性識別に導く可能性を低くすることができる。

7. 捜査官バイアス

　ラインナップと写真面割は一般的にはその事件を指揮する捜査官によって行なわれる。そのため，捜査官が写真面割やラインナップを目撃者に提示するとき，捜査官はどの人が被疑者であるかを知っている。このことは捜査官が目撃者に意識的あるいは無意識的に手がかりを与えてしまうであろう危険性を増加させる。

　同一性識別テストの根本的な問題は，捜査官と目撃者が互いに影響を及ぼすといった社会的相互作用のもとにおいてそれが行なわれるということである。目撃者は捜査官側の微妙な（目撃者を誘導してしまうような）暗示に敏感であり，たとえそれが捜査官が無意識にしていることであっても非常に敏感である。

　このようなことに対する1つの解決策は，この事件をほとんど知らない捜査官やどの人物が被疑者であるかを知らない捜査官がラインナップあるいは写真面割テストを実施することである。我々はこれを「二重盲検法」写真面割あるいはラインナップと呼んでいる。単一盲検法テストでは，目撃者はあらかじめ，どの人物が被疑者であるかは知らないが，捜査官はそれを知っているというのが典型的な筋書きであろう。

　二重盲検法の写真面割およびラインナップの場合は，捜査官が誰が被疑者であるかを意識的にあるいは無意識的に明らかにしてしまうであろう危険性を最小限にくい止められる。

第 3 章　面通し，写真面割，ラインナップの評価

8. 複数の同一性識別テスト

　複数の同一性識別テストが使用される場合，バイアスのかかっていない同一性識別手続でさえ問題が生じる可能性が生じる。しばしば，目撃者は面通しやマグブック（写真帳）から被疑者を同定する。そしてその後，たとえば，写真面割やラインナップといった，より形式的な同一性識別テストが実施される。

　ここでの問題点は，後の同一性識別が前の同一性識別によって影響を受ける点である。被疑者が犯人であろうとなかろうと，前のテストにおいて被疑者が犯人であると同定した場合，その目撃者は前の同一性識別テストの場面から被疑者を思い出すであろう。そしてまさにその理由で，おそらく再び同じ人物を同定するであろう。要するに，目撃者は1回目の同一性識別ですでに引っ込みがつかなくなっている。相手方は，あとの同一性識別が，犯人に関する目撃者の「独立した記憶」に基づいたものであると反論するかもしれないが，その可能性は非常に低いであろうし，証明することも難しい。

　一体どのようにして，後の同一性識別が前の同一性識別によって影響を受けなかったことを証明することができるだろうか？

　教示，撹乱者，提示，服装，そして捜査官に関するバイアスは，ラインナップの質を著しく低下させる可能性があり，誤った同一性識別の危険性を高める。

　もしあなたが同一性識別テストを準備する何らかの役割を負っている場合には，これらのバイアスの影響を最小限にするように試みなくてはならない。最低限しなくてはならないこととしては，手続をしっかりと書きとめ，さらに目撃者に対する教示については逐語的に書きとめるべきである。あなたのクライアントのための交渉で使用するために，そして場合によっては，裁判の準備のためにそこでの情報のすべてを保存しておきなさい。

27

第4章

連邦司法協会の目撃証拠
―法実践のためのガイドライン―

　第1章において議論したように，目撃者の同一性識別の誤りやすさに対する注目は高まりつつある。その結果，元法務長官のジャネット・リノ（Janet Reno）は，目撃証拠の取り扱いのための手続を検証し，誤って有罪判決を下す危険性を減少させるための提言をするに至った。

　リノは警察官，弁護士，そして心理学研究者からなる目撃証拠に対するテクニカルワーキンググループを組織し，この目的を成し遂げた。このグループは，1年以上にわたる作業を経てハンドブック『目撃証拠：法実践のためのガイドライン（*Eyewitness Evidence: A Guide for Law Enforcement*）』を世に出した。本章においては，この連邦司法協会（NIJ: The National Institute of Justice）のガイドラインの概要を紹介し，今日の刑事裁判手続に対するガイドラインの意義について議論する。

　　訳注1　このガイドラインの詳細については，巻末の付録を参照のこと。

　プロジェクトチームの提言は社会科学研究から生じた研究と実務的な視点を融合したものであり，かつ捜査官側が誠実であることを前提としている。

　ガイドラインの目的は，目撃者から引き出される情報の量を増し正確性を高めること，目撃証拠の妥当性や正確性を強固にすること，そして目撃証拠の強

度や正確性を評価するためのシステムの能力を向上させることであった。

 ガイドラインは法的強制力を有するものではなく，またガイドラインの遵守は，補強証拠としてはたらくことを意図するものではない。

 上記のグループは全部で 19 の提言を制作した。個々の提言はすべて，手続の実施によって何が達成されるかを示したうえで諸原則の説明，手続の実施，および捜査官に対する方針説明，そして手続の実施の重要性を示す要約をそれぞれ含んでいた。以下に方針の説明を示す。

1. 犯罪の初期報告／第一応答者

- **緊急通話対応オペレーター／通信指令係** 個々の（通報に対する）応答は犯罪および犯人の記述や同一性識別に関する正しい情報を獲得し伝達することに資するようなことが必要とされる。

- **初動捜査の捜査官** 捜査官は，現場から可能な限り多くの正確な情報を獲得し，保存し，そして使用しなければならない。

- **目撃者からの情報の獲得** 捜査官は目撃者から情報を獲得し，正確に文書化し，そして保存しなければならない。

2. マグブックと合成画像

- **捜査官／マグブック作成者** 捜査官は，個々の写真が暗示的でないようにマグブックを構成すべきである。
- **合成画像の作成者** 合成画像の作成者は，目撃者の人相描写が適切に表わされる方法で合成技術を選択し，使用すべきである。

- **手続を実施する捜査官／その他の人物** 手続を実施する者は，手続の実施に先立ち目撃者に対し教示を与えなければならない。さらに，手続を実施する者は，使用された手続の類型や結果を正確に文書化することによって手続の結論を保存すべきである。

3. 捜査を引き継いだ捜査官による目撃者への取調べ手続

NIJ のガイドブックは，捜査を引き継いだ捜査官のために次のようなガイドラインを示している。

- 目撃者や事件に関する利用可能な情報をすべて再検討し，効率的で効果的な取調べの準備をしなくてはならない。

- 目撃者から最も多くの情報を引き出す方法で取調べを実施しなくてはならない。

- 目撃者に対し完全であり，効率的でありそして効果的な取調べを実施し，取調べ後のコミュニケーションを促進しなくてはならない。

・目撃者から得られた全情報の完全で正確な文書を作成しなくてはならない。

・目撃者の供述の個々の正確性を判断するために，証人の供述の個々の要素を再検討しなくてはならない。

・目撃者が追加情報を提供することが可能であるように，心を開いた交流を維持しなくてはならない。

4. 現場の同一性識別手続（面通し）

捜査官は目撃者の先入観を排除する手続を使用しなくてはなららい。

面通しが実施される場合，捜査官は目撃者が同一性識別ができた場合であれ，あるいはできなかった場合であれ，すべての結果を文書化することで手続の結果を保存しなくてはならない。

5. 目撃者が被疑者の同一性識別を行なうための手続

● **ラインナップの構成** 捜査官は，被疑者が不当にめだたないようにラインナップ（複数面接方式による面通し）を構成しなくてはならない。

● **目撃者への教示** ラインナップの提示に先立って，捜査官は，同一性識別手続の目的が，実際の犯人を同定することと同時に無罪を証明することであることを確実に理解するように目撃者に対して教示を与えなくてはならない。

第**4**章　連邦司法協会の目撃証拠―法実践のためのガイドライン―

●**同一性識別手続の実施**　捜査官は，同一性識別に関して，同定ができた場合であれ，できなかった場合であれ，正確な判断を得ることに資する方法でラインナップを実施しなくてはならない。

●**同一性識別結果の記録**　同一性識別手続を実施するとき，同定ができた場合であれ，できなかった場合であれ，捜査官は目撃者から得られたすべての結果を文書化することによって手続の結果を保存しなくてはならない。

　NIJのガイドラインは，いくつかの点において注目に値する。第1に，ガイドラインは人間の記憶を研究する心理学研究者の間で広く指摘されてきた視点を十分に反映している。

　我々の知覚や記憶システムはビデオレコーダーのように機能はしない。我々は，自らを取り囲む世界の表象を，完全かつ正確に記憶のなかに記録しているわけではない。情報を想起あるいは再認することを求められた場合，我々は単に記憶をテープで巻き戻しているだけでもなければ，出来事の完全で正確な表象を再生しているわけでもない。

　反対に，記憶は，情報を知覚し，符号化し，貯蔵し，そして検索するという複雑な過程をともなう。また，これら4つのサブプロセスは，たとえば，バイアスや期待，記憶されるであろう出来事の特徴，妨害情報，そして記憶テストの方法，といった多くの他の諸要因によって影響を受ける可能性がある。

訳注2　第2章（p.11）において，人間の記憶過程について説明したように，貯蔵とは外界から獲得した情報を意味化し，1つの情報として蓄えておくことである。しかし，けっしてビデオテープのように完全な状態で保存されることはなく，さまざまな影響を受け，時間とともに変容したり忘却したりする。

　捜査官の立場からすれば，記憶は壊れやすい証拠である。検討すべき証拠は，注意深く集められなければならないし，また適切に保存されなければならない。記憶はテストされた方法によって影響を受ける可能性があることが知られてい

33

るが故に（たとえば，どのように取調べが行なわれたか，目撃者は写真面割に先立ちどのように教示されたか，ラインナップがどのように構成され，目撃者に対して提示されたか），目撃者の記憶を調べる手続を理解することは，目撃者の記憶の妥当性を評価するために不可欠である。

目撃者の記憶や認識を記録するだけなく，同様に，それらの記憶が引き出された過程も記録し保存することが重要である。

たとえば，犯人のDNAサンプルを含むかもしれない物など，犯罪場面での証拠の収集や保存に最大限の配慮が払われなくてはならないのと同じように，ガイドラインは不注意な目撃証拠の収集や保存を全く許容していない。

ガイドラインは証拠の保存を強調するが，それによって証人の想起や同一性識別の正確性を評価するためのより良い情報が利用可能になるからである。しかしながら，目撃者の同一性識別の心理に関するコンサルタントや専門家証人としての経験を通して，私はこれまで目撃者の同一性識別を高く評価することに大いに限界を感じてきた。

なぜそう思うのか？　それは，同一性識別を引き出すために使用された手続は，しばしば十分に文書化されていなかったし，保存もされていなかったからである。たとえば，我々は諸研究から目撃者に与えられた同一性識別の教示に微妙な暗示が含まれる場合でさえ，それが誤った同一性識別の可能性に大きな影響を与え得ることを知っている。だが，目撃者がどのようにラインナップに先立ち教示されたのかに関する記録はしばしば存在しない。

同一性識別用の写真面割を作成するために用いられる手続において，通常その場に弁護士が同席しないことが，よりいっそう問題を大きくする。被疑者を同定するために使用された写真面割の記録はしばしば存在しないのである。

ガイドラインの作成過程およびガイドライン自体は非常に品質の高いもので

ある。目撃記憶の実証研究への貢献者の1人であり，かつ利用者の1人として，私はガイドラインの作成過程を間近で見てきたし，またガイドラインを作成したプロジェクトチームに参加した心理学研究者たちと多くの意見交換をしてきた。

　提言の基礎となる研究は信頼に足るものであり，かつ研究者間でも十分に受け入れられている。その原則，方針，手続，そして要約はよく構成され，またさまざまな専門的視点を代表する専門家たちによって洗練されたものになっている。

　ただし，ガイドラインは最先端の技術を取り入れたものではなかった。たとえば，第3章において説明されたように，ガイドラインは研究によって支持されている2つの先端的提言，すなわち，二重盲検の同一性識別テストの使用や，同一性識別テストは同時提示よりも順次提示を優先するという提言までには至っていない。

　二重盲検法の手続は単一盲検法テストよりもすぐれている。なぜならば，それは写真面割やラインナップにおける被疑者の同定に際して捜査官が目撃者に意図的に，あるいはうっかり情報を与えてしまうかもしれない可能性を排除するからである。

　順次提示の写真面割とラインナップは同時提示のそれらよりもすぐれている。なぜならば，それらは正しい可能性がある同一性識別に影響を与えずに，誤った同一性識別の可能性を減少させるからである。

　残念ながら，NIJのガイドラインは，二重盲検法と順次形式の同一性識別テストの利用を推奨してはいない。

　この提言は，広く配布され，認知され，かつ影響を及ぼしてきた。ガイドラインを実行するためのトレーニングコースもまた提案されている。

2001年4月に，ニュージャージーの法務長官は『写真および実際の人物によるラインナップを用いた同一性識別手続の準備と実施のための法務長官のガイドライン（*Attorney General Guidelines for Preparing and Conducting Photo and Live Lineup Identification Procedures*）』を出版した。それは，NIJ ガイドラインによる提言のいくつかを組み込んでいる。ニュージャージーの出版物はさらに次の点を提案していた。

…… ◆ ……

　不注意な言語的手がかりやボディランゲージが目撃者に影響を与えることを確実に阻止するためには，実際実施可能な場合には……写真や実際の人物によるラインナップを用いた同一性識別手続を実施する人物を，その事件に割り当てられた最初の捜査官以外の人物にするべきである。最初の捜査官が写真あるいは実際の人物によるラインナップを用いた同一性識別手続を行なう場合には，捜査官は正しい回答に関する不適切なシグナルを証人に与えないように十分注意すべきである。

　可能な場合は，写真あるいは実際の人物によるラインナップの同一性識別手続は順次に行なわれるべきである。すなわち，同時にではなく，目撃者に対し1回に写真や人物を1枚あるいは1人ずつ見せる形で行なわれなくてはならない。

…… ◆ ……

　順次提示ラインナップは，より一般的になりつつある。最近のニューヨークの事件において，[*1] 順次提示ラインナップを命じたロバート・クラインドラー（Robert Kreindler）判事は，科学界が「順次提示ラインナップがより公平で，

＊1　*State of New York v. Rahim Thomas* 2001.

より正確な同一性識別に帰着するという意見に完全に一致していた」との結論を下した。

加えて，その裁判官は「順次提示ラインナップの批判やあるいは，実験の中で心理学者によって使用された科学的方法を批判する学術論文は一編たりとも見つけられなかった」と判示した。

6. 目撃者の記憶に関する知識の飛躍的な進歩

目撃証拠を収集し保存するためのNIJのガイドラインは，目撃者の記憶の強さと限界に関する我々の理解の大きな進歩を反映している。ガイドラインは正しい科学に基づいており，また今日の実務において使用するために開発された。

ガイドラインはまた，公式あるいは非公式な経路を通じて，州警察に影響を与えはじめている。これらのガイドラインの全部あるいは一部を導入することを真剣に検討してこなかった州は，それを考慮すべきである。ガイドラインの存在によって，捜査官は，たとえば，収集や保存といった目撃証拠の正当化のために必要不可欠な手続に対して意識的に注意を払うようになるであろう。

自分が扱う事件における目撃者の記憶を評価する場合，使用された手続をガイドラインにあてはめて比較すべきである。捜査官が行なった証言録取，主尋問，そして反対尋問の間，あなたはきっと当該手続がNIJガイドラインから逸脱していることを強調したくなるであろう。

ウェブ上でNIJガイドラインを見るためには,以下のどちらかのアドレスにアクセスされたい。

    www.ncjrs.org/pdffiles1/nij/178240.pdf
    www.ncjrs.org/txtfiles1/nij/178240.txt

第5章

目撃証拠の証拠排除の申立て

　もし，証人の証言を単純に存在しないものにしてしまうことができるのであれば，それはあなたの弁護に大いに役立つであろう。そういった離れ業は，裁判官が実施された同一性識別テストを暗示的であるとみなし，目撃証拠排除の申立てを認容した場合に起こりうる。裁判官が申立てを認容する場合もあるが，そのような主張は基本的には認められにくい。

　異議を認めるための適切な理由がある事件においてでさえも，裁判官はしばしば，陪審員が証拠に適切な評価を与えることができる能力があると判断し，その結果，当該証拠が認容される。異議が成功するかどうかは，説得力にも依存する。本章では，目撃証拠排除の申立ての説得力を高めるための提案がなされ，それによって異議成功の可能性が高められる。

　まず，最初に「異議が成功する」ということがどういうことかを定義づけることが重要である。目撃証拠を排除することは，明らかに1つの望ましい方法であるが，他にもいくつかの戦略目的が存在する。証拠開示が全く存在しないあるいは限られた州においては，その申立ては公判前に目撃証拠に関する多くの情報を審理の場において開示することへとつながりうる。

　異議申立てのもう1つの有益な目的は，検察側に自分の主張に対する学説や研究方法に対して深く関心をもたせることである。それによって弁護のための

有効な準備をすることが可能になろう。異議申立てはまた，心理学専門家の証言あるいは裁判官の特別説示の申出に対応するために（裁判官がこのトピックに関してまだあまり熟知していないと仮定するならば），裁判官が目撃者の記憶の心理を詳しく知る糸口にもなる。

1. 目撃証拠の証拠排除の申立ての内容

　効果的な異議申立ては，個々の事件に特有なものであり，定型的なものではない。目撃証拠の証拠排除のための効果的な異議申立ては次のようにすべきである。

・目撃者の記憶に関する心理学について裁判官に教えること。

・関連性のある目撃証言要因について説明すること。

・暗示的な同一性識別手続に焦点をあてること。

・申立てに関する審理を要求すること。

　目撃者の記憶に関する心理学の本1冊分にもなる説明を提出するのではなく，記憶が複雑で損傷を受けやすいプロセスであるという考えを伝えることが重要である。

　情報開示が異議を申立てることの1つの主要な目的であり，しかし，まだ関連しそうな要因を完全に把握していない場合には，まずはあなたが知っている分の要因を詳しく調べ，異議申立てのなかにその要因を含めるべきである。具体的に言えば，それぞれの要因がどのようにして誤った記憶を導きうるのかを

説明すべきである。たとえば，教示はどのように伝えられたか，あるいは撹乱者がどのように選択されたか，といった暗示的な同一性識別手続にかかわる要因を強調すべきである。

そして，さらには異議申立ての準備を支援するために専門家証人の援助を求めるべきである。専門家証人は，異議申立てにおいて，関連のある要因やそれらの効果を識別し，説明し，そして立証するための手助けをすることができる。

異議申立てを見直し編集するために専門家証人が必要とする時間は，わずか2，3時間である。そのためこの目的のために専門家証人に要する依頼料は最小限にとどめることができる。

2. 異議申立ての審理

異議申立ての審理においては，目撃者や同一性識別テストを行なった捜査官に対し質問の機会を求めることになる。同一性識別の事例の場合には，この審理の際に被告人の同席の権利を放棄するよう申し出ることを検討すべきである。そうすることが当該申立てが，目撃者に対し同一性識別の機会を与え，被告人が犯人であるという目撃者の確信をさらに高める可能性を制限することに資するのである。

目撃証拠の証拠排除の異議申立てはいくつかの目的を果たしうるが，その大部分は，異議申立ての審理において達成される。それらの目的とは，証拠を法廷から排除すること，証拠開示をなすこと，および専門家証人あるいは特別説示に対する要求に備えて目撃者の記憶の心理について裁判官を教育することなどである。

3. 目撃者への質問

　同一性識別事例の場合，関連性があるであろう各要因について目撃者に尋問を実施し，その供述の詳細を記録しなさい。

- **凶器**　たとえば，犯人が銃を持っていた犯罪であった場合，その銃が目撃者との関係でどのように持たれていたのかについて訊ねるべきである。あるいは，まずは銃が目撃者の視線上にあったのかを訊ねるべきである。この情報は，目撃者の記憶を妨げる凶器注目効果について議論する際に役に立つ可能性がある。

- **過度のストレス**　過度のストレスが目撃者の記憶を損傷したことを後に主張するかもしれない場合には，目撃者がどの程度脅えていたかを解明すべきである。

- **アルコールの摂取**　目撃者が事件の前に飲酒をしていた場合，目撃者がどのくらい飲酒していたのかを明らかにすべきである。そのとき，一般的に人は飲酒量を過小評価するということに留意すべきである。できれば，たとえば他の目撃者からの証言や酒場の請求書といった目撃者の飲酒に関する別途独立の証拠を収集しておくべきである。

- **取調べの詳細**　捜査官の質問，取調べ形式，そして取調べの際の言語的もしくは非言語的行動について目撃者に訊ねるべきである。これは不慮の事故などの詳細の再生がきわめて重要である事件において特に重要なことである。目撃者は暗示的手続と非暗示的手続間の違いに対してそれほど敏感であるとは思えないことから，これらの質問は，あまり有益な情報を提供しないかもしれない。また，通常目撃者は捜査官の行動に注意を向けるよりも，むしろ自分の記憶に注意を向ける。そのため，目撃者は基本的要素以外は，取調べ

あるいは同一性識別テストに関してあまり多くを思い出さないかもしれない。とはいえ，目撃者は確実に会話は憶えている。それ故，それらの質問があなたの主張に有益な何らかのものを明らかにする可能性がある。その点を考えるならば，上述の点も審理において質問されるべきである。

4. 捜査官への質問

　捜査官と目撃者の間でどのような接触があったのかについて訊ねるべきである。「いつ」「何の目的のために」「何が」「誰によって」か，について訊ねなくてはならない。

　もしあなたが，取調べあるいは同一性識別手続が，過度に暗示的であったということを立証したい，あるいは標準的な手続とは違う手続が用いられたことを立証したいのであれば，標準的な手続が用いられた例を証拠として提出すべきである。捜査官と目撃者間の互いのやり取りに関して，その結果がどのように文書化され保存されたのかを訊ねるべきである。同一性識別テストのための何らかの手法が用いられた場合には，以下の質問をすべきである。

- **訓練**　捜査官は同一性識別テストの実施にあたり，どのようなトレーニングを受けていたのか？

- **教示**　目撃者は写真面割およびラインナップ（複数面接方式による面通し）の前あるいはその間にどのような教示を与えられたのか？　それらは他の捜査官によっても同じように使用されているものか，あるいは本件の捜査官によって本件だりに使用されただりの教示にすぎないのか？　それらの教示は書面化されたものか，あるいは捜査官が自分の記憶に基づき暗唱したものか？

- **選択** ラインナップあるいは写真面割のためにどのようにして候補者が選択されたのか？ 犯人や被疑者の特徴と一致したという理由でそれら候補者は選択されたのであろうか？ 候補者を選択するために使用された方略の背後にある理論は何か？

- **服装のバイアス** 服装がもたらすバイアスが1つの争点となっているように思える場合，犯人が着ていたものと同じ服を被疑者が着ていたという理由だけで，被疑者を識別することがないようにするためにはどのような手段がとられたのか？

- **提示** どのようにして写真あるいはラインナップのメンバーが目撃者に対して提示されたのか？ 捜査官は同時提示手続と順次提示手続のどちらを使用したか，そしてまさにどのようにその手続が機能したのか？ その手続についてできるだけ詳細に記述するように捜査官に求めるべきである。

- **単一盲検法と二重盲検法** 写真面割やラインナップを行なう捜査官はどのメンバーが被疑者であるかを知っていたのか？ もし知っていたのであれば，捜査官はボディランゲージやコメントを通して目撃者に対し被疑者の正体を不用意に伝えてしまうことがないように，どのような努力がなされたのか？

- **方法論** どのような方法が，同一性識別手続全体を記録し保存するために用いられたのか？

争点が目撃者の詳細な記憶の想起に関することであれ，同一性識別の実施に関することであれ，それに用いられた手続が過度に暗示的であり，または標準的ではないという主張をなす場合には，用いられた手続と「最善の手続（ベストプラクティス）」を比較することが特に有用であろう。あなたは第4章で述べたNIJのガイドラインを使用することで，一定程度その目的を達成することができるであろう。

捜査官が連邦司法協会の資料である『目撃証拠：実践のためのガイドライン』について熟知し，精通しているかどうかを確認すべきである。もし知らないようであれば，その資料の目的を説明すべきである。具体的にこの事例において，ガイドラインに従ったかどうかを訊ねるべきである。またガイドラインに従わなかった場合にはなぜそうしなかったかを訊ねるべきである。もし従わなかった場合，その地域で制定されているかもしれない別のガイドランが使用されたのかどうかを訊ねなくてはならない。もし地域で制定されたガイドラインが使用されたのであれば，そのガイドラインを閲覧できるかどうかを訊ねるべきである。

5. 専門家証言

目撃者の記憶の心理についての専門家証言は，目撃者要因や暗示的な同一性識別手続がどのように目撃者の記憶に影響を与えるのかについて裁判官を教育するために有用である。

証拠排除の申立て審理における専門家証言の有効性は明らかであろう。それは申立ての説得力を高めることができ，成功の可能性を高める。裁判官は証拠排除の申立てを認容しない場合でも，専門家証言を聞き説得力があると考えた場合，公判において専門家証言を許容する余地がより大きくなる可能性がある。

第6章 陪審員の選定

　陪審員を選定することは，そもそも難しい作業ではあるが，目撃者の記憶が中心的な役割を果たしている事件のための陪審員選定には特に難しいものがある。陪審員が目撃者に対して抱いている，有利あるいは不利となる偏見を確かな形で指し示すものはほとんど存在しない。目撃者の事件における陪審員選定の難しさを理解するためには，予備尋問および陪審員選定についての一般的な基礎知識が必要となる。

1. 予備尋問と陪審員選定の目的

　一般的に弁護士は以下の3つの目的を組み合わせることで，予備尋問の準備に取りかかる。

- 潜在的に見方のかたよった陪審員候補者を識別し，陪審員役から外すこと。

- 事件の主たる争点について陪審員を教育すること。

- 陪審員を法に従うように方向づけること。

これらの目的に対する重点の置き方はさまざまであり，一定範囲で弁護士に課される制限や与えられる機会により左右される。たとえば，連邦裁判所や多くの州の裁判所（たとえば，マサチューセッツ州やカリフォルニア州など）においては，陪審員に質問できる弁護士の権限は制限されている。これらの裁判所のうちのいくつかにおいては，裁判官が陪審員に対する質問のすべてを行なう。他の裁判所では，弁護士は参加することは認められているが，比較的短い時間しか与えられず，表面的な質問をすることだけが許される。

　別のいくつかの州裁判所（たとえば，コネチカット州，フロリダ州，そしてノースカロライナ州など）においては，弁護士は，陪審員に質問することを許されるし，またそうするためのかなりの時間と裁量を与えられる。個々の時間や裁量の範囲は，裁判所によって異なる。

　さらに他の裁判所は中間に位置し弁護士に参加することを許可するが，限られた範囲内においてである。これらの制限は，対象となる事件の予備尋問に対する弁護士の目的に当然ながら影響を与える。たとえば，予備尋問に参加することができなかった弁護士は，事件に対する自分の見解を陪審員に伝える機会がほとんどない。

- **選定**　弁護士が予備尋問を行なう場合，どのようにしてさまざまな目的を達成するのか？　選定についていえば，彼らは，潜在的な偏見を明らかにするための質問を陪審員にし，そしてその後，理由付忌避権かあるいは理由不要の忌避権を行使する。

- **教育**　弁護士は，以下のように，質問のなかに情報を埋め込むことによって教育上の目的を達成しうる。

……◆……

　これは民事事件であり，原告であるジョーンズ氏は，自分の主張を

証拠優越性の原則に従って証明しなければなりません。彼は合理的な疑いを超えて自分の主張を証明する必要があるわけではありません。言い換えれば，合理的な疑いを超えてまでの証明は，刑事事件にはあてはまるが民事事件にはあてはまりません。ジョーンズ氏がやらなければならないことは，少しでも自分のほうが有利であることを示すことです。もしそれができるのであれば，ジョーンズ氏は勝訴判決を得ることができます。あなたがたの何人が，この事件において「証拠の優越」の基準を正しく適応することができると思いますか？

…… ◆ ……

上述のセリフの最後の質問は，民事事件のもつ重要な側面について陪審員を教育するものではあるが，陪審員側の偏見を明らかにしうるものではない。陪審員を教育することを目的とする質問に対しては，裁判官や敵対する弁護士いかんによっては抵抗を示すものがいるかもしれない。特に，**裁判官**の一部は教育はまさに自分たちの仕事とみなしている。

● **方向づけの目的**　ここで言う方向づけの目的は，関係する法を引用し，陪審員候補者にその法を守る意思があるかどうかを訊ねることで成し遂げられる。

陪審員候補者の回答は予測可能であるが（彼らはほとんどいつも「はい」と答えるであろう），その目的は個人に人々の前での公約をさせることである。人は，人前で自分自身がかかわった約束は，守り通す傾向が強い。

2. 目撃事件のための選定目的

私と共同研究者は陪審員の偏見を示唆する要因に関する多くの研究を行ない，

出版物を公刊してきた。人口統計的特性に基づいたステレオタイプは，目撃事件を含むいかなる事件においても，陪審員の偏見を的確に言いあてるものではない。

ほとんどの事件において，最もよく偏見を識別する質問形式は，事件の特定の側面に関する人々の態度を評価する質問である。たとえば，陪審員選定に関する研究は，陪審員候補者の薬物に対する考えによって，規制薬物事件における陪審員の偏見が予測可能となるし，同様に，精神科医や精神保健の専門家に対する態度によって，心神喪失の抗弁の事例における陪審員の偏見が予測可能なことを示している。

残念ながら，我々の研究は目撃者や目撃証言に対する姿勢が陪審員の偏見に関するよい予測要因ではないことを示す。私は，ほとんどの人が目撃者としての経験をあまり，あるいは全くもっていなかったからであると考えている。

人は経験のないことに対してであっても，すすんで態度を示そうとするであろうが，経験に基づかない態度が行動を予測することは期待できない。そういった事情が目撃事件における選定目的を達成しにくくさせている。

陪審員候補者が目撃者としての経験をもっているかどうかを判別することは重要である。その経験とは，事故，犯罪，あるいは他の事件の証人や陪審員を経験していること，あるいは法実務についての豊富な知識があることを含んでいる。大卒の陪審員候補者のなかには，目撃証言に関する研究を扱った心理学のコースを受講している者が多くいる。

もし陪審員候補者のなかに目撃者の経験を有するであろうと確信した者がいたら，敵方に選定の際に使われてしまうかもしれない情報を暴露する危険性を冒してでさえ，あなたはその経験について訊ねるべきである。この提言はいくつかの理由に基づいている。1つには，目撃証言の経験は，必ずしも不利にはたらくことはないからである。

ある種の経験は，健全な懐疑主義を導くかもしれない。たとえば，犯罪や事故の目撃者の何人かは，事実のあとに詳細を想起することの困難さについて，他の人以上に深い理解を示しうる。

 第2に，この情報が特に先入観をもたらす場合，その偏見を明らかにすることによって，当該陪審員候補者をその理由に基づき忌避することに成功するであろう。その結果，わずかしかない理由不要の忌避の1つを節約することができる。こういった危惧がある場合，あなたは裁判官席に近づき，そして個別に陪審員候補者に予備尋問をするための許可を求めるべきである。許可が認められた場合，他の陪審員候補者は，潜在的に予断を導く可能性のある情報からの影響を受けることはないであろう。

 選定基準は，陪審員候補者が目撃者として特定の経験をもっていることを知ることに加え，当該事件の他の重要な争点に対する態度も基に考えるべきである。目撃証言を弾劾するために陪審員を準備するための教育あるいは方向づけの目的により重点を置けば置くほど，予備尋問の時間はより有益なものになる可能性がある。

3. 教育と方向づけの目的

 目撃事件における予備尋問で，教育上や方向づけの目的を達成するために，以下の点に留意すべきである。

- **啓発**　目撃者を含め，証人を評価する際の他にはない独自の役割を陪審員に気づかせなくてはならない。

● **エンパワー**　陪審員に目撃者の信頼性を損ねるのではなく，その記憶のほうに疑問を投げかけるように仕向けなくてはならない。

● **情報提供**　目撃者の記憶の複雑性や記憶に影響を及ぼす心理的要因について，陪審員に情報を提供しなくてはならない。

● **裁判官の説示**　陪審員は，各目撃者の信憑性を評価し，各目撃者の証言の重要性を判断する責任を負った唯一の存在である。裁判官の説示は，通常，公判の最後に述べられ，この責任について言及する。裁判官はまた，目撃証言は事実についての陳述ではなく，目撃者による信念の表現であると一般的に説明する。多くの裁判官は，目撃者の同一性識別が合理的な疑いの範囲を超えて証明されなければならないと陪審員に説明するであろう。これらは重要な概念である。

弁護士としてはこれらの重要な点に関する指摘を公判の最後まで，すなわち，陪審員がすでに目撃証言に対処したあとまで待たなければならないわけではない。質問のなかにこれらの指摘を埋め込むことによって，教育上や方向づけの目的を同時に達成することができる。

次の3つの例で示されているように，質問の最初の部分は教育的なものであり，2番目の部分は方向づけを得るように意図されている。

…… ◆ ……

　　ウィリアムズ裁判官は，後にあなたに次のように説示するでしょう。すなわち，陪審員としてのあなたの責任は，目撃者を含む各証人の信憑性を評価し，そして各証人の証言に対し適切な重みづけをすることを含む，と。あなたたちの何人が，この重要な責任を受け入れるでしょうか？

第**6**章　陪審員の選定

　ウィリアムズ裁判官は後に，目撃証言が事実に関する陳述ではなく，むしろ目撃者が信じていることの表明であるということをあなたに説示するでしょう。あなたたちの何人が，この法的な定義を受け入れ，また目撃証言を事実というよりもむしろ目撃者がそうであると信じていることとして取り扱うことに合意するでしょうか？

　ウィリアムズ裁判官は後に，目撃者の同一性識別は合理的疑いの範囲を超えて証明されなければならないということをあなたに説明するでしょう。あなたたちの何人が，目撃者の同一性識別に対し合理的疑いの規準を適用することに合意するでしょうか？

…… ◆ ……

　ここではそれぞれの質問が集団に向けられるということに注意すべきである。一般的に私は，もし可能であるならば，質問は集団よりもむしろ個人に対して向けられるようにアドバイスする。しかしながら，時間の制約や他の優先事項のために，各陪審員候補者に対し個別に質問をすることはほとんどの場合実際的ではない。その意味で集団に向けられた質問は実現可能な代案といえる。これらの質問では，方向づけを成すにあたってもこの場合でいえば手を挙げるといった明白な反応が要求されるくらいに具体的な言い回しで表現されなければならない。私は，合意を示すために何もしないことを陪審員候補者に要求するようなネガティブオプションは好まない。たとえば，以下のような質問である。

…… ◆ ……

　あなたたちの何人が，目撃者の同一性識別に対する合理的疑いの規準を適用することに合意しないのか？

…… ◆ ……

この質問形式の問題点は，手を挙げなかった陪審員候補者が必ずしもこの規準を適用することに賛成するわけではないというところにある。手を挙げなかった陪審員候補者は臆病で怖がりであり，さもなくば困惑しているがために，手を挙げなかったという可能性がある。なぜ陪審員候補者が手を挙げなかったかを個別に訊ねなければ，弁護士はその理由を知り得ないであろう。

　対照的に，質問をポジティブオプションの形で表現することによって，手を挙げた陪審員候補者は明確な方向づけを表現したことになり，また手を挙げなかった陪審員候補者は，さらなる質問を呼び起こすことになる。

　教育的な質問はまた，目撃者の信頼性を攻撃することなしに，目撃者を疑うことが可能なように陪審員を力づけるべきである。**目撃証言を効果的に弾劾するということは，目撃者の記憶から目撃者を分離することを必要としている。**

　目撃証言は，しばしば目撃者の自分自身に対する見解の延長線上のものとして示される。記憶に関する報告というよりはむしろ，目撃者は語り手と同じように自分の物語を話すのである。このことが目撃者の信頼性を疑うことなく，目撃者の物語を弾劾することを難しくしている。目撃者と目撃者の記憶とを分離することによって，その問題を克服することができる。**目撃証言は，目撃者の記憶に基づいた信念の表現である**という事実を強調すべきである。その点を留意すれば，陪審員は目撃者の記憶を疑うために目撃者が信頼できないものと結論づけることを強いられなくなる。すなわち，我々が誤りを犯すように，たとえ誤っていたとしても，陪審員はその目撃者が信頼し得るとの結論を下すことができるのである。

　この手法は次章における主要な焦点となるが，以下のような教育的な質問により，予備尋問の間に陪審員がこのような見方を受け入れるための環境づくりを始めるべきである。

第**6**章　陪審員の選定

...... ◆ ......

　あなたは，正直でかつ，尊敬できる目撃者から証言を聞くでしょう。この証言はすでに起こった出来事についての目撃者の記憶に基づいているでしょう。あなたたちの何人が，目撃者の想起の正確性を評価するために，自分自身の独立した判断を下すことができるでしょうか？

　あなたたちの何人が，目撃者の報告が事実ではなく，人間の記憶に基づいたものであるということを心に留めておくことができるでしょうか？

　あなたたちの何人が，目撃者がたとえどんなに正直で，先入観がなく，信頼できるとしても，目撃者が間違っているかもしれないという可能性をすすんで受け入れることができるでしょうか？

　あなたたちの何人が，目撃証言を評価するために，どのように記憶が機能するかについてのあなたの知識をすすんであてはめてみようと思うでしょうか？

...... ◆ ......

　あなたが目撃者の記憶の心理に関する専門家証人を申請する予定があるのであれば，専門家証人の証言の1つの目的は，陪審員が抱いている誤解を修正することである点に留意すべきである。

　その専門家証人の証言は，陪審員が長い間心に抱いていた記憶についての信念をきっと打ち砕くものであろう。予備尋問の質問のなかでこの可能性をあらかじめ示すべきである。

55

······◆······

　あなたは，社会心理学者であり，大学の教授であり，かつ目撃証言の心理学の専門家であるフレデリック博士の専門家証言を聞くでしょう。フレデリック博士は，いくつかの要因がどのように目撃証言に影響を与えるのかについて証言するでしょう。彼の証言のいくつかは，記憶に対するあなたの信念と矛盾するかもしれません。あなたたちの何人が，そのような証言に対して心を開いたままでいることができ，またそうしようと思うでしょうか？

······◆······

　目撃証言に焦点をあてるだけで予備尋問の選択的目的を終了させるのではなく，事件の他の主要局面に関する態度や経験も検証すべきである。

　目撃証言を弾劾すべく陪審員を準備させるにあたっては，陪審員を教育し，裁判官の目撃者の記憶に関する説示に従うように方向づけをし，目撃者の記憶の評価において独立した判断を用いるようにし，さらには，専門家証人について心を開くようにするために，予備尋問を用いるべきである。

第7章

冒頭陳述

　陪審員の目撃者の記憶に関する考え方をあなたの考え方と同じ方向に導くために，冒頭陳述を活用すべきである。冒頭陳述は，あなたの理解した形で事件の事実を説明し，そしてあなたと同じように陪審員が事実を見るように導く最初の機会である。以下に，目撃者の記憶に関する効果的な冒頭陳述のためのガイドラインを示す。

1. 説得力のある話をする

　1人の訴訟当事者によって語られる説得力のある物語であろうと，あるいは陪審員が両当事者によって提示された証言や証拠から導き出した物語であろうと，裁判に関連する出来事を理解するために陪審員が物語を使用することは，一般的なことである。

　大いに尊敬に値し，誠実さにあふれるように見える目撃者が，完全に誤っていることを陪審員に納得させることは，さまざまな理由で難しい仕事である。

　目撃証言はその事件の他の証言や証拠と一致するであろう。それらは，1つ

の共通の物語を浮き立たせる。その場合，代案や説得力のある話を提供せずに，目撃者が誤っていることをただ単に指摘するだけでは陪審員が耳を傾ける可能性は低い。あなたは「尊敬でき，そして誠実な」目撃者が裁判所に出頭して宣誓を行なったにもかかわらず，なぜ誤った証言をしてしまうのかについて説明する必要がある。もちろん，目撃者が自分の証言の正確性について疑問を抱いている場合，その目撃者は証言することを選択しないであろうし，あるいは証言台でそれらの疑いについて自ら話してくれるであろう。

したがって，なすべきことは，単にどのように目撃者が間違いをしてしまうかを説明することだけではなく，目撃者はどのようにして自分の誤った証言を断固として信じるようになるのかを説明することである。このことは事件に関する自分側の説得力のある物語を通して，ある程度は成し遂げられる。そのためには，目撃者が誤っており，かつ自分のクライアントの物語が正しいという主張を支持する証拠あるいはそれにかわる証言をもつべきである。

また，目撃者が間違っているにもかかわらず，なぜ自分が正しいと信じるのかを説明することがあなたの主張としてはより効果的であろう。そのためには，目撃者の記憶に影響を与える要因と同時に，目撃者の確信度に影響を与える要因に注意を払うことが必要である。

2. プロセスとしての目撃者の記憶

目撃者の記憶は容易に再現されるものではなく，むしろ複雑で不完全な過程の産物であるという考えを陪審員に強調すべきである。

冒頭陳述において，陪審員に目撃者の記憶の心理に関するあなたの知識を伝えるべきである。そして，記憶の3段階について説明すべきである。さまざま

な要因がこれらの各段階において障害となり，その結果，再生と再認時の誤りを増加させることを伝えなくてはならない。

　ここまでにあなたは，出来事や目撃者の記憶が検証された状況と関係のある要因をリスト化して持っているべきである。そのためには次のような手順に従うべきである。

- 目撃者の記憶を阻害する可能性がある要因を1つひとつ言及しながら，出来事が目撃された条件を示すことによって，陪審員に目撃者の**記憶過程**をたどらせるべきである。

- 次に，**記憶貯蔵**段階に移り，事件後の目撃者の記憶や確信に影響を及ぼす可能性がある諸要因について検討すべきである。

- 最後に，**記憶検索**段階に進み，ここでも目撃者の記憶を阻害する可能性がある諸要因について陪審員に伝えながら，目撃者が取調べられた条件や，あるいはどのように同一性識別に至ったのかを検討すべきである。

3. 戦略的譲歩の提示

　相手側弁護士が裁判の結果に利害をもたず，尊敬でき信頼できる証人を擁している場合，くり返しそれらの点を強調するに違いない。相手側弁護士はその目撃者は嘘をつく理由がないのだから真実を語っているに違いないと陪審員に信じるように促すであろう。

　もし目撃者の信憑性を弾劾するための根拠をもっていなければ戦ってはならず，その相手の主張を認めなくてはならない。そして，目撃者が嘘をつくであ

ろうと考える理由がないこと，また目撃者が正しいことをしようとしていることに対して賞賛さえしていることを陪審員に伝えるべきである。ただし，真実か嘘かのいずれかであるという誤った二者択一の問題に直接的に焦点をあて，3つ目の選択肢があるということを主張すべきである。その3つ目の選択肢とは，証人は正直ではあるが誤りを犯すこと，そしてその誤りをあたかも真実であるがごとく信じるということである。

人はしばしば，不正確にものごとを思い出し，不正確な推論をするが，どういうわけか人は誤った考えに対し確信をもつ。目撃者が犯した間違い，すなわち，そのときには非常に正しいと思えたが，後に結果的に間違いであることが明らかになるような判断がなされ得ることについて考えてみるよう陪審員に求めるべきである。

4. 目撃者を疑うように陪審員を促す

陪審員が目撃者に対して判断を下すことが許されているだけではなく，そうふるまうことが実際に彼らの**責任**であることを説明すべきである。

目撃証言を評価することは，陪審員のみに許された役割の1つである。裁判官は陪審員に額面どおりに目撃証言を解釈するようには説示せず，むしろそれ相当の重みづけを目撃証言に与えるように説示すること（あるいは，あなたの裁判地における同様の説示に相当する他の言葉）を陪審員に伝えるべきである。たとえ目撃者が非常に信頼できると考えられる場合にも，陪審員は目撃証言の正確性を疑うことを何ら妨げられないことを説明すべきである。

あなたは，目撃証言を評価すべきであることを陪審員に確信させるだけでは不十分であり，さらにどのように目撃証言を評価するかを陪審員に説明する必

要がある。公判過程において，陪審員には，出来事が目撃された状況や目撃者の記憶の正確性に直接影響を及ぼす他の諸要因が示されるであろうことを伝えるべきである。陪審員に目撃証言が信頼されるかどうか決定する際にこれらの諸要因を考慮するよう促すべきである。

5. 陪審員を専門家証言に向けて準備させる

　陪審員が専門家証人の証言を聞くことが予測される場合，冒頭陳述の間に陪審員に専門家証言に向けての心構えをさせるべきである。目撃者の記憶の心理に関し相当の専門性をもった者が，その事件特有の出来事にかかわる特定の要因がどのように目撃者の記憶に影響を及ぼすかを説明すると陪審員に伝えるべきである。目撃者の記憶の正確性を評価するうえで，この専門家証言が陪審員を援助することになるはずであると説明すべきである。

第8章 目撃者への反対尋問

　中立的で，信憑性があり，確信をもった目撃者への反対尋問は，経験が豊富で成功を積み重ねてきた弁護士にとっても1つの挑戦である。深くかかわりあいをもった目撃者が自分の態度を撤回する（あるいは，証人席で証言が崩れる）可能性は，ほとんど考えられない。

　より現実的で達成可能な目標は，目撃者の記憶をより信頼しがたいものにし得る諸要因を明らかにすることである。目撃者を同一性識別の結果から切り離したうえで，そこに至るプロセスに焦点を置くことが，反対尋問の中心的な役割である。

1. 目撃者への対応

　問題になっているのは，目撃者の信頼性ではなく，目撃者の記憶であることを強調することで，目撃者を傷つけることなく目撃者の記憶を自由に攻撃することが可能となる。

　陪審員は，法廷において他の誰よりも中立的な目撃者と自分が同じ立場であ

るとみなす可能性があることに留意すべきである。というのは，おそらく目撃者と陪審員はともに司法制度に対する市民の義務を果たしているものと見られているからである。もし陪審員が目撃者に好意をもち，敬意を払い，そして共感をもっているならば，目撃者を非難し，侮辱し，軽蔑するすべての試みは，あなたやあなたのクライアントに対して陪審員から恨みを買うことになるであろう。そのような不適切なことをしなくても，あなたは合理的に反対尋問の目的を達成することができる。

　目撃者に敬意をもって接するべきである。証人や証言に対して懸念や不安を示さないように気をつけるべきである。公判の開始までには，あなたはおそらくすでに証言の核心部分を知っているであろう。証人の証言が潜在的には不利な可能性があろうとも，驚くほどのことではない。目撃者の記憶に影響を及ぼすと思われる諸要因を識別することに照準を定めるべきである。

　質問をし，返答をフォローし，そして目撃者の答えを要約あるいは明確にする際に，使用する言葉遣いに注意すべきである。たとえば，「見た」「聞いた」あるいは「何が起こりましたか？」という断定的な言い回しは避けなくてはならない。目撃者は，現実の出来事を語っているのではなく，記憶を報告しているということを陪審員に絶えず思い起こさせるようにすべきである。「あなたの記憶に従えば……」という言い回しで話しはじめるべきである。その言い回しは，証人と証人の記憶を区別することに役立つであろう。

　目撃者に話しかける場合，受動的な表現を使用すべきである。たとえば，「あなたは捜査官に，どのように事故が起こったかを伝えた」という代わりに，「捜査官があなたに，事故に関する記憶ついて取調べをした」と言うべきである。

　同様に，「あなたは写真面割を見た」という代わりに，「捜査官があなたに写真面割を示した」と言うべきである。このような言い回しを使用することは，目撃証言は1つのプロセスの結果であり，またこのプロセスの結果は証人以外の人々からの影響を受けうるというポイントを補強することに役立つであろう。

2. 目撃時の諸要因の特定

　捜査と証拠開示の過程を通じて，陪審員に明らかにしたい目撃者要因を示したリストがこの時点までに準備されるべきである。専門家証言（申請されている場合），および最終弁論のなかで，より直接的にこれらの諸要因が言及されることになろう。

　目撃者が信頼できるという利点を利用して，目撃者を通してこれらの諸要因を明らかにすべきである。諸要因のいくつかは，捜査官の主尋問や反対尋問を通しても明らかにされるであろう。

　反対尋問の順番を暫定的に定めるべきである。目撃された出来事から始めるか，あるいは，目撃者が出来事の直前に非常にストレスを感じていたりあるいは気持ちが動転したということを信じるだけの根拠がある場合，そこから反対尋問を始めるべきである。

　たとえば，目撃者の記憶を不正確にする要因など，あなたのリストにある個々の要因について話すために時間を使うべきである。その目撃現場を描写するように目撃者に求めるべきである。あなたは，照明条件や，証人が出来事を目撃した時間，さらには，たとえば生死にかかわる事故や犯罪といった高いレベルのストレスを引き起こしたかもしれない出来事などに対して特定の質問をすることになるだろう。

　これらの諸要因のいずれか，あるいはすべてがどのように記憶に影響を及ぼしたかを目撃者に訊ねてはならず，諸要因を明らかにするのみにしなくてはならない。あなたがそれらの点を訊ねた場合，おそらく目撃者は「十分よく見えました」あるいはそのような趣旨のことを答えるであろう。すでにあなたが目撃者自身の記憶に関する目撃者の評価を知っているように，証人は完全に自分

の記憶を信頼しているのである。したがって，目撃者が自分の証言に自信があることを陪審員に思い出させないようにすべきである。

次の諸要因に進む前に，証人が同意する形で今問題になっている要因の存在を取りまとめ，当該問題となっている諸要因の詳細を明らかにすることを終了すべきである。たとえば，以下のように。

……◆……

そうですね，エヴァンスさん，あなたの記憶に従えば，あなたは約30秒間犯人の顔を見ることができたということですが，それでいいですか？

……◆……

3. 記憶貯蔵段階要因の特定

目撃者がどのようにして自分の誤った証言に確信をもつようになったのかについて説明することができる場合，目撃者に対するあなたの弾劾は，より説得力のあるものになるであろう。記憶貯蔵段階要因はその役に立つであろう。

目撃者が法廷で証言するときまでに，証人は何回も出来事に関する自分の記憶をくり返し語るための機会があった。具体的には，おそらくまずは，犯罪や事故現場での最初の取調べ，また事件後の捜査官等との取調べ，証言録取，そして家族や友人に対して詳細を再度語るといったような機会である。出来事の想起について自信がないと最初に感じた目撃者でさえ，詳細がくり返され，最終的にはそのくり返しが自信をもたらすようになる。証人が詳細を4回あるいは5回とくり返したころには，不確かさを感じていた目撃者でさえ，くり返し

自分が語った説明に強い確信を抱いてしまう。

　法廷において証人が証言するときまでに，物語についての証人の確信をさらに強め得る他の出来事が存在する。もし，自分の提供する情報が訴訟を成功させるためにきわめて重要であると証人が感じる場合，想起された詳細に対する証人の確信はさらに強まる可能性がある。これらの詳細にかかわって証人と頻繁に接触する捜査官は，彼にその証言が重要であると感じさせることができ，それが証人の物語への確信を高めるのである。

　したがって，目撃者が頻繁に取調べされてきたことをあなたが知っている場合，反対尋問でそれらの取調べが何回あったかを数えさせるように目撃者に求めることによってこの事実に光をあてるべきである。この情報は，目撃者がどのようにして自分の誤った記憶に確信をもつようになったのかを陪審員に理解させる手助けとなり，目撃者の記憶の「プロセス」としての特性を再び強調するための機会となる。

　あなたは，最終弁論において直接的にこのポイントを主張することができる。たとえば，犯罪と記憶テストの間に経過した時間量など，他の記憶貯蔵段階要因についても，あなたが適切であると考える場合に明らかにされるべきである。

4. 記憶検索要因の特定

　同一性識別事件において，相手方は写真面割によって目撃者が被告人を明確に識別した旨を述べて陪審員を説得したがるであろう。だが実際この説明は，事のすべてでもなければ，その大半を語るものですらない。起こったことを十分に明らかにするためには，同一性識別がなされた過程を順序だてて述べるべきである。

目撃者とともに，使用された写真面割あるいはその再現を再検討するために，それらを手元に持参することを推奨する。同一性識別のプロセスを詳細に引き出すための見本となる質問を以下に示す。

・エヴァンス捜査官が写真面割を見せるためにあなたを呼び出した際に，彼はあなたに正確にはなんと言いましたか？

・どのようにあなたは答えましたか？　同一性識別を行なうためのあなたの能力について，あなたはどう思いましたか？

・あなたがエヴァンス捜査官に会ったとき，彼はどのように写真面割の手続について説明しましたか？

・彼はあなたに写真面割に対する教示を与えましたか？

・それらはどんな教示でしたか？

・教示は書面でしたか？　彼はそれを読み上げたのですか，それとも書面なしで語っただけですか？

・その教示はまるで，台本の一部のようでしたか？　あるいは教示の典型例のようなものでしたか？　それともエヴァンス捜査官がその場でつくったように聞こえましたか？

・エヴァンス捜査官はどのようにしてあなたに写真面割を提示しましたか？　彼は写真を並べましたか，あるいはあなたに手渡ししましたか？

・彼はあなたに写真に一通り目を通すように言いましたか？　もしそうであるならば，彼は具体的に何と言いましたか？

第8章　目撃者への反対尋問

- あなたが写真を検討していた際，彼はあなたの近くに立っていましたか？

- あなたはどのくらいの時間，写真を検討してもよいと言われましたか？

- あなたが同一性識別を行なったときに，あなたがエヴァンス捜査官に言ったことすべてを教えてください。

- あなたがエヴァンス捜査官に自分の選択を告げた後，彼はどのような反応をしましたか？

- 同一性識別テスト直後のエヴァンス捜査官とあなたの会話はどういった雰囲気のものでしたか？

多くの目撃者は，手続の詳細に関する質問の答えを憶えていないであろう。同様に，目撃者は取調べの間，通常，情報を思い出し提供することに専念しているため，自分たちがどのように取調べされたかについての詳細を思い出せないことが多い。これらの出来事に対する目撃者の記憶の欠如を暴くことにより，目撃者の記憶の手続的な性質を強調し続けることができ，同時にそれは誤りに陥りがちなものであることを実証することができるであろう。

第9章 捜査官に対する主尋問と反対尋問

目撃者の記憶は捜査官の影響下にあるプロセスの結果であることを陪審員に説得すべくあなたは努力する。その際，捜査官の証言はあなたの主張にとって重要な意味をもつであろう。

捜査官が目撃者と接する際に使用した手続について捜査官に幅広く質問することは，陪審員に対しその捜査官が使用した手続のすべての不備に気づかせる機会となる。特にプロセスに不備があると判断した場合には，主尋問あるいは反対尋問中にそのプロセス（および，そのプロセスの結果として生じた証人の物語の解釈）について捜査官に質問すべきである。

捜査官に質問する際，以下の目的を前面に出すべきである。

・目撃時と記憶貯蔵段階の要因を**明らかにする**こと。

・同一性識別手続の暗示性を**暴く**こと。

・使用された手続と NIJ ガイドラインにおいて推奨されている手続を**比較**し，使用された手続の欠点を明らかにすること。

・専門家証言のための追加的**基礎を構築**すること。

1. 目撃時と記憶貯蔵段階の要因を明らかにすること

　たとえ目撃時要因と記憶貯蔵段階要因について，目撃者に徹底して質問を行なったあとであったとしても，捜査官に対し同じ要因を再び確認する価値はある。捜査官と目撃者は目撃時の出来事の詳細について異なる理解をもつ可能性がある。つまりそれは，矛盾が生じる可能性があるということである。そのような矛盾は，陪審員の疑いを高めることに一役買うことができるであろう。そういった形で，ここでの主要な目的の1つを成し遂げることができる。

　捜査官の証言はまた，重要な有害要因に関する証人の証言を補強するものでもある。証言台に捜査官を立たせ続けることは，捜査官に公判の焦点を集め，陪審員が捜査官は目撃者に影響を与えたと結論づける可能性を高める。

2. 暗示的な同一性識別手続を暴くこと

　公判での質問は，自分の主張を展開するのに役立つ答えを導ける範囲でのみ行なうべきである。質問の焦点を暗示的手続に限定すべきではない。むしろ，暗示的ではないが，NIJ ガイドラインで推奨された手続には及ばないことを明らかにするべきである。あなたは公判が始まるまでに，事件に対する自分なりの調査，開示手続，そして予備尋問の結果として，少なくともこれらの点に関する質問のほとんどについての答えをもっているべきである。以下の問題について訊ねるべきである。

- **●訓練**　捜査官は同一性識別テストを行なうにあたり，どのような訓練を受ける義務があるのか？

第9章　捜査官に対する主尋問と反対尋問

- **教示**　写真面割やラインナップ（複数面接方式による面通し）の前あるいはその最中に目撃者に対しどのような指示が与えられたのか？　この事件に対し，それらは他の捜査官によって使用される標準的な教示なのか，あるいはこの捜査官によってこの事件に用いられたものにすぎないのか？　書面に基づいた教示であるか，あるいは捜査官が自分の記憶に基づいて教示を述べたのか？

- **撹乱者の選択**　ラインナップあるいは写真面割のための被疑者以外の人（あるいはそれらの写真）は，どのように選択されたのか？　それらは犯人あるいは被疑者の特徴と一致したという理由で選択されたのか？　被疑者以外の人（あるいは写真）を選択するために使用された方略の背後にあるロジックは何か？

- **服装バイアス**　服装のバイアスが問題である場合，単に犯人が着ていたものと似ている服装を着用していたが故に，被疑者が識別されることがないように，どのような手段がとられたか？

- **提示方法**　正確には，写真面割あるいはラインナップのメンバーは，どのように目撃者に対して提示されたのか？　捜査官は，同時あるいは順次提示手続のどちらを使用したのか，また，その手続がどのくらい正確に行なわれたのか？　捜査官に手続をできる限り詳細に述べさせなくてはならない。

- **無意識の伝達**　写真面割あるいはラインナップを行なった捜査官は，どのメンバーが被疑者であったかを知っていたのか？　もし知っていたのであれば，捜査官がボディランゲージやコメントを通して目撃者に対し「正しい答え」を無意識のうちに伝達しないように，どのような努力がなされたのか？

3. NIJガイドライン推奨手続との比較

『連邦司法協会（NIJ）の目撃証拠：法実践のためのガイドライン』は，目撃証拠を取り扱う際に，正確性と完全性を最大限に引き出すような手続を用いるように強調する。またガイドラインは，手続やその結果を記録し保存することを優先事項とする。

捜査官によって使用された手続をNIJガイドラインにおいて推奨されたものと比較し，目撃者の記憶の手続的な側面を明らかにすることで，大いに前進することができる立場にある。捜査官に対する質問の最中にこれを試みるべきである。

まずこの段階は，ガイドラインをどれだけ日ごろ使っているか，あるいは知っているかについて，捜査官に訊ねる質問から始めるべきである。写真面割に関する捜査官のための質問の見本となる進め方は，以下のようなものである。取調べ，面通し，そしてラインナップ等の手続について捜査官に質問するためにもこの一般的な形式を使用すべきである。以下の質問を，扱う事件にあわせて用いるべきである。

…… ◆ ……

前述のNIJガイドラインに従えば，警察官は，犯人に関する証人の人相描写に適合するラインナップメンバーあるいは写真を選択しなくてはならない。**このような方法で選択を行なったか？**

ガイドラインは，被疑者の人相描写あるいは事件のときの外見と似ている写真を選択することを推奨する。**これはなされたのか？**

第**9**章　捜査官に対する主尋問と反対尋問

　ガイドラインは少なくとも 5 人の人物写真を使用することを推奨する。**何枚の人物写真を使用したか？**

　ガイドラインは，写真面割において被疑者の位置をランダムに決めるか，あるいは写真面割ごとに被疑者の位置を変化させることを推奨する。**この事件において，それがなされたのか？**

　ガイドラインは，確実に被疑者がめだたないようにすることを推奨する。**被疑者の写真が確実にめだたないようにするために，どのような努力をしたのか？**

……　◆　……

● **記録保存**　手続の諸要素に関する記録と保存の状況について，必ず質問するようにすべきである。たとえば，目撃者に対する教示や捜査官の言語的また非言語的な行動といった，手続の諸要素は，しばしば記録されなかったり，保存されなかったりする。容易に記録され，保存することができた手続が，故意に記録されず，また保存されなかったということを示すべきである。

● **専門家証言**　もし専門家証言を採用するつもりであれば，専門家の最も説得力のあるポイントは，暗示的あるいは最適とは言いがたい手続を指摘する点であろう。その場合，陪審員に対して使用された手続を十分に理解することは重要な意味をもつが，その点もまた捜査官へのポイントをついた質問を通して実現することができる。

　要約すれば，同一性識別手続の暗示的あるいは最適とは言いがたい状況を明らかにするために，あるいは目撃者の想起あるいは同一性識別が手続の産物であるという見方をきわだたせるために，捜査官に対する主尋問あるいは反対尋問を行なうべきである。

第10章 適切な専門家証人を見つけること

　最近の全国調査[*1]は，64人の目撃証言の専門家が存在することを確認し，彼らが共通の特徴をもっていることを発見した。専門家のほとんどは，共通する専門領域として，認知あるいは社会心理学の博士号を有していた。それら専門家の92%は，同一性識別証人の心理学をテーマとした複数の本や論文を出版しているとの報告がある。そのテーマに関してそれぞれが出版した論文の平均数は18本であった。

　いくつかの情報源が，目撃者の記憶の心理について証言するのに適任とされる専門家証人を探し出すのに役に立つ。

● **インターネット**　増えつつある多くの専門家は，インターネットを基盤とした専門家証人の紹介サービスに登録している。

● **ウェブページ**　ほとんどの専門家は，有名な検索エンジンに登録されているウェブページをもつ大学に職を有する。検索エンジンを使用し，たとえば「専門家証言」「目撃者の記憶に関する心理学」といったようなキーワードやそれに類似するテーマを用い検索すべきである。

[*1] Kassin, S. M., V. A. Tubb, H. M. Hosch, and A. Memon 2001 On the 'general acceptance' of eyewitness testimony research: 'A New Survey of the Experts.' *AmericanPsychologist*, **56**, 405-416.

- **本と論文** 心理学のデータベース（すべての大学の図書館で利用できる）を使用し，目撃者の記憶の心理に関する本や論文を探すべきである。そして，それらの論文や本の著者と連絡を取るべきである。

- **専門所属団体** 地元の大学の心理学科に連絡を取るべきである。そして，認知心理学者もしくは社会心理学者と話をさせてもらえるように頼むべきである。専門家の名前と所属についてその教授に訊ねるべきである。

- **資格** 有力な候補者を得たならば，その候補者の資格を確認すべきである。それぞれに履歴書を求め，以下の点を確認すべきである。

  ・目撃者の記憶に関する研究のための**連邦政府の資金による研究助成**（この種の研究のために最も一般的な資金提供機関は，国立科学財団「NSF」である）の有無

  ・地域，国，そして国際的な専門家の学会や団体の会議における**目撃証言の研究に関する発表**

  ・目撃者の記憶の心理に関する**本，本の一部，または他の刊行物**

  ・「査読つきジャーナル」すなわち，学術水準に関し厳しい基準を採用するジャーナルに刊行された**目撃者の記憶についての研究論文**。出版のために提出された原稿は，そのテーマに関する専門知識を有する他の研究者によって吟味され，また注意深く調べられる。ジャーナルが査読されたかどうかを知るための1つの手がかりは，発行号よりもむしろ巻単位で通常は本にページをつける点にある。したがって，それらのジャーナルは数百さらには数千のページに及ぶのが一般的である。最もよい検証方法は，ジャーナルの編集方針を調べることである。そしてそれは，インターネットでたいてい入手可能である。質の高いジャーナルの例として，目撃証言研究を発表する査読つきジャーナルを以下に紹介する。

第 10 章　適切な専門家証人を見つけること

- *Journal of Applied Psychology*

- *Journal of Experimental Psychology Psychological Bulletin*

- *American Psychologist*

- *Psychological Science*

- *Law and Human Behavior*

- *Memory and Cognition*

- *Journal of Personality and Social Psychology*

- *Personality and Social Psychology Bulletin*

- *Applied Cognitive Psychology*

- *Psychology, Crime & Law*

● **承諾意欲**　専門家が事件を引き受ける意欲の程度にはかなりのばらつきがある。専門家の承諾の判断に影響を及ぼす可能性のあるものとして，以下の点を考慮すべきである。

- 当該証言のテーマが自分の専門分野の範囲内であるかどうか。

- 専門家自身が，自分はその事件において役に立てることがあると考えるかどうか。

- 専門家が自分自身を，当該事件のスケジュールにあわせることができるか

どうか。

　目撃証言研究に関する経験や査読つきジャーナルによって資格を満たす専門家を見つけた場合，当該証人が法廷において専門家としての証言を許されることはそう難しいことではない。あなたの事件に適した専門家を探し確保するために，公判の前に十分な時間をかけるべきである。

1. 追加事項の考慮

- **専門家としての知識**　すべての目撃証言の専門家が，目撃現象のあらゆる側面に関しての証言をするために必要な知識があるとは限らない。たとえば，ある専門家は，知識や研究経歴によれば，子どもの目撃証言ではなく大人の目撃証言についてのみ証言することが可能かもしれないし，またその逆もあり得る。

- **テーマ**　専門家は，専門家証言の有用性について異なる見解をもっている。ある専門家は，証言が陪審員に対して有用なのは特定のテーマであり，そしてそれ故，それらのテーマについてのみ証言しようとするであろうし，他の専門家は同様の点に別の判断をするであろう。

- **利用可能性**　ほとんどの専門家は，専門家として証言することの機会と他の専門的職務のバランスを保たなければならない。そのため，その依頼可能性は人により違うし，時期によっても違う。

- **過去の経験**　専門家が専門家証人として働いたすべての経験を控えておくべきである。一定数の経験を積んだ専門家であるならば，経験量の多寡は重要ではない。専門家は相当の経験をもち，そして所定の手順を知っているとい

うことが重要である。専門家は公判がどのような段取りで行なわれるのかを理解し，証人席ではリラックスし，説得力がなければならない。また弾劾に対して，簡単に動揺してはならない。あなたが準備をしてやらなくてはならない人物ではなく，むしろ主尋問の準備を助けてくれる専門家を証人に選ぶことが重要である。

● **事件の概要** 公判弁護士は，可能であれば何人かを比較検討した後に，専門家の決定をなすべきである。候補者と最初に面接した際に，事件の簡単な概要を知らせるべきである。詳細のすべてを示す必要はなく，たとえば，出来事の類型や目撃者が誤っているかもしれないとなぜ思うのかといった，まさに中心的なことのいくつかを示すことで十分である。また経験豊かな専門家は，その事件についてあなたに対し踏み込んだ質問をする可能性がある。

● **即興でのコミュニケーション** 目撃事件や目撃者研究の専門的知識や経験について，専門家候補者に自由に答えることができる質問をなすことを薦める。裁判官や相手側弁護士としなければならないように，専門家がどのくらいうまく即興でのコミュニケーションができるかどうかを知ることが必要である。専門家証人の候補者が教授であるということだけで，法廷でも上手にコミュニケーションができるであろうと思い込んではならない。法廷と教室は，非常に異なる環境である。法廷における専門家証人へのプレッシャーは，教室とは質的にも量的にも異なる。加えて，多くの人は，教室においてでさえコミュニケーションがうまくできない教授のクラスをとるという不幸を経験している。

● **費用** 費用はしばしば問題となる。専門家の時給に加えて，旅費やその他の雑費がかかりうる。地元の専門家への依頼は，費用を節約することにはなるが，質を落としてまですべきことではない。他の地域の専門家を依頼した場合，ファックス，メール，あるいは宅配業者を通じて書類を共有すること，テレビ会議によって事前のミーティングを行なうこと，さらには移動を実際の法廷での審理に限定することで，費用を抑えることができる。

本人が直接協力してくれることは非常に好ましいが，必ずしも専門家証人がいつも必要であるとは限らない。移動の手配は，専門家が公判前打ち合わせや公判の前夜，あるいは数時間前に到着できるよう調整することも可能である。

　専門家費用を非常に高くする要因の1つは，専門家が裁判所に到着した後，尋問が予定よりも遅れることである。専門家は証言に対してではなく時間に対して対価が支払われている場合，尋問が丸1日延期すれば，弁護士は，終日割増料金を払うことを要求される。念入りに計画を立てることは，こういった遅れやコストを減らすことに役立つ。それでもやはり，遅延はしばしば弁護士のコントロールが及ばないところである。

第11章 専門家証言の認容

　目撃者の記憶の心理に関する専門家証言の許容性判断に関しては，州と連邦地裁では差がある。いかなる事例においても，専門家証言を認容してもらうためには，説得力のある申し立てがなされなければならない。たとえば，専門家証言の排除に関する典型的な議論を先取りし，その説得力を弱めるような申し立てをするといったことである。

　専門家証言の認容のためにはさまざまな規準や証拠法則が存在するが，専門家証言の排除のために課される課題や理由は共通している。

1.「正しい科学」と「誤解を招く科学」

　裁判所は「正しい科学」を認容し「誤解を招く科学」を排除する必要があり，その際裁判所が抱く一般的懸念は，目撃者の記憶の心理に関する専門家証言にも多くの場合あてはまる。しかし，専門家証言は，より多くの心理学研究を基盤としている。

● **科学と記憶**　記憶は心理学者の間で，科学調査の基礎が確立されている分野

である。実際，心理学者たちは1世紀以上にわたり人間の記憶を研究してきている。何千もの本や論文があるように，すべての科学ジャーナルはこのテーマに高い関心を示している。目撃者の記憶研究は，人間の記憶研究の一分野であり，また何百もの科学論文や本の対象である。したがって，目撃者の記憶に関する研究は，心理学者間の調査において基礎が確立されている科学分野であるということを，法廷では自信をもって確認し伝えるべきである。

● **犯罪シミュレーション研究と信憑性**　多くの裁判官は，目撃証言が犯罪のシミュレーションを多用するという理由で，目撃証言研究の信憑性について不安を抱いている。そのうちのある者にとっては，現実の犯罪状況を再現することは目撃証言研究者にとって不可能であるということが大きな欠点でもある。また，大学の教室において模擬目撃者に対し犯罪のビデオテープを見せるという考えは，誤解を招く科学に等しいと多くの人は考えるかもしれない。専門家証言を認容させるための試みにおいて，この犯罪シミュレーションの問題を提起することをけっして勧めるわけではないが，その問題と直面する準備をしておくことを強く勧める（同時に，あなた側の専門家が同様の準備をしていることを確認すべきである）。シミュレートされた目撃証言研究を弁護するために提起されるポイントを以下に挙げる。

・いくつかの目撃証言研究は，シミュレーション研究ではなく実際の犯罪に基づいている。

・我々の記憶システムは，犯罪が生じた場合でも基本的に他の状況と異なる形で機能するものではない。すなわち，目撃者要因の多くは，犯罪場面であるが故に，他の状況と異なる影響を及ぼすという考えを支持する証拠は存在しない。

・他のものを統制しながら特定の要因の効果を分離させることは，実験室研究を行なう科学では一般的なことである。

- 現実の犯罪のみに基づいた研究には限界がある。実際，シミュレーションを用いて目撃記憶を研究することは，以下の点において，現実の犯罪を研究する以上に多くの科学的に重要な利点をもつ。

······ ◆ ······

- 科学者は，同一性識別あるいは記憶といったものが正確か不正確かを明確に知っている。

- 科学者は，より信頼性のあるデータを獲得するために，何度も同じ方法でその出来事をくり返すことができる。

- 科学者は，他の要因を統制することにより，ある要因を分離したり操作したりすることができる。

- 科学者の世界では，目撃者研究の結果が現実の犯罪にも一般化できるという確信がある。

······ ◆ ······

2. 専門家証人の資格

　あなた側の専門家が心理学の学位や連邦政府の資金を含む研究助成による目撃者の記憶に関する研究の経歴や，そのテーマに関して刊行された資料および専門学会での発表を経験している場合，専門家としての許容性において問題はない。

3. 関連性

　専門家証言の関連性を証明することは重要である。専門家が目撃者の記憶の誤りやすさを検討するであろうという主張だけでは不十分である。専門家が証言することになる事件における特定の要因について議論すべきである。たとえば、異人種間の認識、記憶に対する極度のストレスの効果、また暗示的な同一性識別手続といった要因が当該事件で争点となる場合、専門家はそれらの要因について証言する予定であることを説明すべきである。

4. 陪審員の知識との重複

　専門家証言を排除するための最も一般的な理由は、裁判官が専門家の証言内容が平均的な陪審員の知識の範囲内のものであると信じていることである。実際には、専門家が証言する多くの要因は、平均的な陪審員の知識の範囲内のものではない。第2章で説明したように、たとえば、ほとんどの人は目撃者の確信が正確性とは強い関連性がないこと、あるいは、目撃者の確信が非常に影響を受けやすいということを知らない。「凶器注目」効果や、同一性識別の正確性における犯人の髪の毛やヘアラインを隠すことの影響は、一般的な知識ではない。また第3章で説明したように、ほとんどの人々は、ラインナップの同時提示手続よりも順次提示のほうが誤った同一性識別を少なくすることを知らない。さらに、目撃者の記憶の心理が一般の陪審員にとって一般的な知識ではないという事実を証明する相当数の心理学研究が存在する。前述の懸念を予測し、その懸念を払拭するために具体的な事例を用いるべきである。

5. 陪審員機能の侵害

　目撃証言を評価することは，陪審員にしかできない義務である。目撃者の正確性についての判定の提案をする専門家証人は，陪審員の機能を侵害する危険を冒しているかもしれない。しかしながら，目撃証言の専門家は，そのような提案を通常はしない。この事実は，目撃者の記憶の心理に関しての専門家証言の経験をほとんど，あるいは全くもたない裁判官にとっては十分に認識されていない可能性がある。

　目撃証言の専門家が通常は心理学者であり，そして心理学者である専門家証人は，予備尋問や公判の過程（たとえば，責任能力の問題，危険性の問題など）で判断をしている場合を念頭におくならば，目撃証言の専門家が目撃者の正確性についての判定をするであろうと誤って思い込むのは無理からぬことである。あなた側の専門家が目撃者に関する判定をしないことを明確に説明すべきである。専門家の役割は，法廷においてどのような要因が一般的に目撃者の記憶に影響を与えるのかについて教えることや，目撃証拠の意味を理解する際に陪審員を援助することである。目撃者に与えられる重みづけがどの程度かについての決定は，陪審員の裁量に全面的にゆだねられている。

6. 陪審員の偏見あるいは混乱

　ある裁判官は，専門家証言が陪審員に混乱を与え偏見を抱かせる可能性について懸念を示した。「混乱させること」の意味はわかりやすいが，「偏見を抱かせること」の意味は明確ではない。その点に関する1つの解釈とは，高度な資格をもった専門家の証言には過大な重みが与えられる可能性があり，他方目撃

者自身のもつ印象が相対的に見劣りする可能性がある，ということである。

　これは，現実に起こっていることとはさほど違わないという点では微妙な問題である。そういった懸念が生じるような場合，専門家の証言は説得手段ではなく教育手段であることから，いろいろな意味で，陪審員は専門家証人の証言を過大評価しないという点を主張すべきである。一般市民もまた，心理学者や教授さらには専門家証人に対して健全な懐疑心をもっている。すべての目撃者と同様に，専門家は反対尋問に服する。裁判官は，陪審員に専門家証人の信憑性や証言の内容を評価するよう説示できるし，一般的にそうする。唯一の最も一般的な懸念は，専門家証言が一般的知識と異ならないという懸念であるが，ここで示された他の事項についてもそれと同様に十分な対処がなされるべきである。

第12章 専門家証言の提示

 弁護士がどのように専門家証人の尋問にアプローチするかが異なるように，目撃証言の専門家が自分の主張を効果的に伝える方法も異なる。そのため尋問の概要を明らかにし，証言で専門家に訊ねる質問リストを作るために，公判に先立ち専門家と協議すべきである。また，時間の許す限り，専門家とともに質問と答えのリハーサルをすべきである。

1. 専門家証人に対する主尋問

 専門家証人に対する主尋問は，一般に次の段階に分けることができる。

・資格

・目撃者の記憶の概観

・符号化要因

・貯蔵要因

・検索要因

・確信度

また，専門家としての資格に関しては，次の項目について質問すべきである。

・学歴

・現在の（もし必要であれば前の）職業

・専門団体への所属

・目撃者の記憶に関する研究プログラム

・研究基金の獲得状況，出版物，および学会における報告

・証言のために検討した事件資料

2. 目撃者の記憶の概観

　許される範囲内で，一般的な記憶過程についての証言を引き出すべきである。専門家は，3つの記憶段階と同様に，どのように記憶がはたらくかについての基礎的な知識を提供することができる。この段階において，専門家は人が日常的に記憶し，高い正確性でその記憶を再生することができるという一般的な考えを取り去ることができるであろう。

3. 符号化要因

符号化要因は，目撃されたオリジナルな出来事と直結する要因である。多くの専門家証人は，ここに示したものに限定されるものではないが，以下に示す項目を含む現象について証言するであろう[*1]。

- **態度と期待**　目撃者の出来事の知覚や記憶は，目撃者の態度や期待により影響を受ける可能性がある。

- **自人種バイアス**　目撃者は他人種よりも自分と同じ人種を識別する際に，より正確である。

- **アルコール摂取**　アルコール摂取は，摂取後に人物や出来事を想起するための目撃者の能力を低下させる。

- **子どもの被暗示性**　幼い子どもは，面接者の暗示，仲間からの圧力，その他の社会的要素から大人以上に影響を受けやすい。

- **凶器注目効果**　犯罪時における凶器の存在は，写真面割やラインナップ（複数面接方式による面通し）から犯人の顔を正確に識別するための目撃者の能力を低下させる。

- **知覚時間**　目撃者が出来事を観察する時間が少なくなればなるほど，出来事を思い出しにくくなる可能性がある。

---

*1　Kassin, S. M., V. A. Tubb, H. M. Hosch, and A. Memon　2001　On the 'general acceptance' of eyewitness testimony research: 'A New Survey of the Experts' *American Psychologist*, 56, 405-416.

- **子どもの証人の正確性**　目撃者として，幼い子どもは大人ほど正確ではない。

- **ストレス**　非常に高い水準のストレスは，目撃証言の正確さを損ねる。

- **色彩知覚**　（たとえばオレンジの街灯のような）単色光の下での色の判断は信用度がかなり下がる。

- **高齢の目撃者**　高齢の目撃者は若い成人の目撃者よりも正確性の点において劣る。

- **訓練された観察者**　警察官やその他の訓練された観察者であっても，目撃者としての正確性は，平均的な目撃者と同じ程度でしかない。

- **出来事の暴力性**　目撃者は非暴力的な出来事よりも暴力的な出来事を想起するほうがより難しい。

4. 貯蔵要因

目撃された出来事と取調べや同一性識別テスト間に生じる現象もまた，記憶の正確性に影響を及ぼし得る。多くの専門家は次に示す貯蔵要因について証言するであろう。ただし，次のリストは網羅的なものではない。

- **事後情報**　出来事についての目撃証言は，しばしば目撃者が実際に見たことだけではなく，そのあとに得た情報にも影響される。

- **忘却曲線**　出来事に対する記憶の喪失割合は，出来事の直後に最も大きく，その後時間とともに一定になる。

● **マグショット（顔写真）バイアス**　被疑者のマグショットに曝されると，目撃者は後にラインナップから同じ人物を選ぶ可能性が高くなる。

● **無意識的転移**　目撃者はしばしば他の状況や文脈において見た誰かを容疑者として識別することがある。

5. 検索要因

記憶は，どのようにテストされたかによって影響を受ける。多くの専門家は以下に示す検索要因について証言するであろう。くり返しになるが，このリストも網羅的なものではない。

● **ラインナップの教示**　警察官の教示は，同一性識別を行なう目撃者の意欲に影響を及ぼし得る。

● **面通し**　十分な人数によるラインナップではなく，単独面通しを使用することは，誤った同一性識別の危険性を高める。

● **ラインナップの公正さ**　ラインナップの構成員がより被疑者に似ているほど，被疑者の同　性識別が正確になる可能性が高くなる。

● **質問の語法**　出来事に対する目撃者の証言は，証人に対し，どのような言葉で質問するかにより影響を受ける。

● **催眠の被暗示性**　催眠時の質問は，被暗示性が高く，誘導や誤導質問になる可能性がある。

- **催眠時の正確性**　催眠時に自発的に報告された目撃者の記憶の正確性は高い。

- **人相描写と一致したラインナップ**　ラインナップのメンバーが目撃者による被疑者の人相描写に似ていれば似ているほど，被疑者の識別の正確性がより高くなる可能性がある。

- **提示形態**　目撃者は同時提示ラインナップで提示された場合（順次提示とは対照的に），誰かを誤って識別する可能性が高くなる。

- **識別の速さ**　ラインナップを見たときに識別が速い目撃者は，その識別がより正確な傾向がある。

6. 確信度

目撃証言の専門家は確信度について以下に示されているポイントを指摘するであろう。

- **確信の可鍛性**　目撃者の確信は，識別の正確性とは無関係な諸要因によって影響を受ける。

- **正確性と確信度**　目撃者の確信度は，識別の正確性を保障するものではない（目撃者が自分の識別に自信をもっていたとしても，自信は識別の正確性を意味しない）。

7. 反対尋問と再主尋問

　主尋問において，いくつかのポイントを明確にしないままでおくべきかどうかについては戦略的な判断が必要である。相手方が有能な弁護士であれば，それらのポイントをきっと反対尋問で取り上げるであろう。

　一方で，相手側弁護士が反対尋問で，あるポイントを取り上げるであろうと確信できる場合に，主尋問において前もってそのポイントを取り上げることのほうが，有効であろう。他方では，主尋問でこれらのポイントの１つを取り上げ，相手側弁護士がそのポイントを取り上げるつもりではなかった場合，言及されていなかった自分側の主張の限界を示してしまうことになる。

　しかし，さらにもう１つの視点としては，相手側弁護士は反対尋問を行なうであろうが，あなたがこの明確なポイントに触れない場合，相手側弁護士は，他の明確でないポイントや予測しづらいポイントしか思いつかないかもしれないともいえる。再主尋問の機会があることを考えるならば，堅実なアプローチとしては，専門家証言の限界をあらかじめ提示する必要はないといえよう。必要ならば，再主尋問でそれらのポイントを指摘すべきである。

　目撃者の記憶に関する心理学研究のほとんどは，現実の犯罪よりもむしろシミュレーションを使用する。この点に関しては再主尋問においてシミュレーション研究の目的や利点を説明するように専門家に求めることで対処すべきである。自分側の専門家は，すべての目撃証言研究が犯罪のシミュレーションを使用しているわけではないということも指摘することができる。

　以下に示す諸要因は，一般的に，あるいは少なくともいくつかの場合においては，常に有効であると考えられる。これらの諸要因は法廷においても考慮されるべきである。

- **記憶の強化**　記憶を不正確にさせる符号化要因，貯蔵要因，検索要因に加えて，記憶をより正確にすることができるいくつかの要因がある。

- **悪条件下での正確性**　一定の目撃者は記憶を不正確にし得る条件下でも，正確であることを示す研究がある。

- **専門家間の合意**　すべての専門家が，何が目撃者の記憶に影響を及ぼす要因かについて，一致した見解をもつとは限らない。再主尋問において，あなたは自分側の専門家に，専門家間の合意に関する実際の研究について訊ねることができる。目撃証言の専門家に関するそれらの諸調査は，高い割合での意見の一致を示している。さらに，その研究は著名な科学ジャーナルに掲載されている。専門家間のある程度の意見の相違は，どのような科学分野においてもみられることである。

すべての研究が同じ結果を見いだすとは限らない。再主尋問において，自分側の専門家は自らの証言が諸文献の慎重な検討に基づいていることを証言することができる。研究結果におけるこの種のばらつきは，目撃研究さらには心理学研究においても特殊なものではない。それはすべての科学領域にあてはまることである。諸知見はしばしば研究ごとに異なるが，洗練された分析技術は，研究文献における明確な傾向を明らかにしている。

- **個別の評価**　現状で利用可能な目撃証言研究は，個々の目撃者の正確性を評価するための専門家を提供しているわけではない。それは確かにその通りである。目撃者間の個人差を含め，目撃者の記憶について我々にはいまだ十分に理解できない多くの問題が存在する。

- **報酬**　専門家はおそらくタイムチャージであろう。この指摘はまさに，目撃証言の専門家に限定されるものではない。この点に関しては，一般的に専門家は証言にではなく，時間に対して対価が支払われているということを指摘することで対処されるべきである。そこで使われる時間は，彼が証言してい

なければ他の仕事や個人的なことがらに費やすことができる。その意味で，彼はその時間に対し十分な対価を得ることができるべきであるし，それを受けるに値する。

● **被告人側であること**　目撃証言の専門家が証言する事例の約 90％は，刑事事件における被告人側の立場からのものである。これは，検察側よりもむしろ，その依頼がほとんどの場合被告人側からくるというだけの理由である。再主尋問において，多くの専門家は，彼らが検察側のためにも同様に証言する準備があることを喜んで説明するであろう。

第13章 最終弁論

　最終弁論においては，陪審員がその事件の事実に関するあなたの見解を採用し，そして，あなたが望む結論を支持するよう説得するために最善を尽くすべきである。以下の示唆を取り込むことで，あなたの最終弁論の説得力を高めるべきである。

　冒頭陳述においては，目撃者が事件の重要な情報についてどのように誤りを犯すのか，また，どのように目撃者は誤った記憶に確信をもつようになるのかという説明を含んだ，説得力があり，興味深くそして信頼できる物語が示された。

　証拠や証言の提出方法には制約があり，また，証人に対する主尋問や反対尋問による吟味が続くことにより，公判のこの時点までに陪審員は，それまでの過程を断片化した，結びつきのない，さらに言うならば無秩序なものとさえ考えているかもしれない。公判が長引いた場合，冒頭陳述のなかで示された物語のインパクトがなし崩しにされている可能性がある。さらに，物語の細かな部分は忘れられている可能性すらある。

● **くり返し**　最終弁論の最初に冒頭陳述の物語を再び話すことによって，それを陪審員に思い出させるべきである。くり返しは学習にとって重要であり，また物語は裁判の全体を通して提示された証拠や証言を理解するための枠組みを提供する。冒頭陳述からあなたの物語は変わってはいないはずであるが，

今まさに陪審員はその物語とは別に，その物語を支持する証言を聞き，独立した証拠を検討することになる。

審理対象となった証言とあなたが陪審員に知ってほしい物語の妥当性との間の結びつきを推論させる際に，陪審員の自分勝手にさせるべきではない。陪審員はそれらを完全に結びつけるように動機づけられていないかもしれないし，そうすることができないかもしれない。そこで，陪審員を自分側の物語に沿って少しずつ歩ませ，また，提示された証拠や証言がどのように自分側の物語を裏づけるのかを説明すべきである。

● **焦点の絞込み** 目撃者の根拠のない確信に焦点を絞るべきである。

● **再検討** 目撃者により大きな自信をもたせていた可能性のある諸要因（しかし，それはだからといって正確性をもたらしているわけではない）を再検討すべきである。たとえば，目撃者が捜査の過程でくり返し取調べをされてきて，そのくり返しが語り手の記憶に対する確信を高めるということを陪審員に思い出させるべきである。たとえ目撃者が同一性識別や証言のときにあまり確信がなくても，たとえば被疑者に対して不利な他の証拠の存在を知るといったように，後に生じた出来事が目撃者の確信を高めるのである。

● **再検討と強調** 冒頭陳述のように，最終弁論においても以下の点を再検討し強調すべきである。

・目撃証言を評価する際の陪審員独自の役割と義務について。

・陪審員がこれから審理しようとしていることがらに関連する法について。

・信頼できる目撃証人でさえ，誤りを犯すという事実について。

・目撃者の記憶を評価する際に，陪審員は自己の判断に基づく責任があるこ

とについて。

- **陪審員に思い出させること**　ここでの主要な目的の1つは，完全に信頼できるような目撃証人であっても，どのように出来事について誤った記憶を形成し，最終的に誤った記憶に高い確信を置くことができるのかを説明することである。次のことを陪審員に思い出させるべきである。

- 記憶は複雑で損傷を受けやすいプロセスであり，録音装置ではない。

- 我々は皆，たいていの場合ものごとを正確に思い出すが，しばしば詳細を想起したり人を認識したりする際に間違いを犯す。

- 目撃証人に対する反対尋問は，おそらく，目撃証人が最初の情報を正確に符号化することを困難にするような，出来事や出来事に対する取調べ（符号化要因と貯蔵要因）に関する諸要因を明らかにした。

- この事件にあてはまり得る要因について再検討をなすことは，それらの要因が記憶に影響を与えるだろうし，また現実に記憶に影響を与えたということを証明することになるであろう。ここでの目的は，疑念をもたらすことである。そのためには，信憑性を阻害する要因を積み重ねるべきである。それぞれの要因の効果についてふり返る際には，一般的な言葉で，具体的な目撃証人に当てはめながら話すべきである。専門家証言を用いていない場合には，それらの諸要因の心理学的影響に関するあなたの意見を示すべきである。そしてそれらは陪審員が同意したいと思うような形で行なわれるべきである。

- ベンソン氏は自分の生命の危機を感じていたと証言した。生命の危機を感じている目撃証人に出来事の詳細あるいは犯人の特徴に注意を注ぐよう期待することは不合理である。人は高いストレスを受けたり，気を散らされた場合，わずかな情報しか符号化できず，その結果，不正確な記憶しか

ち得ない。ベンソン氏の記憶がそれとは違う形の影響を受けると考える理由はない。

- ベンソン氏は，比較的白人の多いコミュニティで生活をしている白人男性である。私のクライアントであるリード氏は，近隣市町村出身のアフリカ系アメリカ人である。経験上，我々は他の人種や民族よりも自分と同じ人種や民族の認識がよりよいということを知っている。この現象がベンソン氏にあてはまらないと信じる理由が存在するであろうか？　その答えは「いいえ」である。

- ベンソン氏は，強盗の間，地面に横たわり，うつぶせになるように命令された。彼は犯人を見る時間が30秒しかなかったと主張した。人は，時間を見積もる際に，長さを過大評価する傾向がある。我々はまた，時が経つにつれて記憶が薄れていくことを知っている。たった30秒もしくはそれより少ない時間の目撃後，ベンソン氏が1年も自分の記憶のなかに犯人の鮮明なイメージをもち続けていたであろう可能性は低い。

陪審員が専門家証言を聞いている場合，次の例のような形で各要因の効果に関するあなたの意見を専門家の言葉で置き換えるべきである。

- ベンソン氏は，比較的白人の多いコミュニティで生活をしている白人男性である。私のクライアントであるリード氏は，近隣市町村出身のアフリカ系アメリカ人である。あなたは，他の人種や民族よりも自分自身の人種や民族をよりよく認識することを証言する，非常に尊敬された認知心理学者であるブリッグス博士の意見を聞いた。彼はこのことを顔認識における「自人種バイアス」と呼んだ。この現象がベンソン氏にあてはまらないと信じる理由が存在するであろうか？　その答えは「いいえ」である。

それぞれの諸要因を再検討した後に，各要因をリストアップするような形でまとめるべきである。その後に，目撃者の証言，取調べあるいは同一性識別テ

ストを実施した捜査官の証言を整理する，といった検索要因に進むべきである。取調べ，面通し，写真面割やラインナップは，被疑者が犯人であるという捜査官の思い込みを検証するために使用された記憶テストであることを強調すべきである。

　もちろん，実際には良いテストも悪いテストも存在する。この点は，ほとんどの人になじみのある学校をたとえとして使用することができる。たとえば，我々の多くは，「試験問題のなかの１つの設問，あるいは問題全体がある教科の知識を試すには不十分だ」と，多少なりとも感じたことがあるのではなかろうか。個々の暗示的な要因を再検討し，なぜそれらの要因が記憶テストを不適切なものにするのかを，説明すべきである。専門家証言を用いていた場合，専門家の見解も要約すべきである。これらが使用された際の欠陥を強調するために，使用された手続と，研究が示すより「公正」な手続を比較すべきである。

……◆……

　……キャンベル捜査官がラインナップテストについてベンソン氏に教示した方法は，暗示的であった。キャンベル捜査官は，どのラインナップメンバーが犯人であるかを識別するようにベンソン氏に言った。キャンベル捜査官は，犯人がラインナップのなかにいないかもしれないということ，あるいは，ベンソン氏が自由に「どの人物でもない」と言うことができることについてけっして触れなかった。実際に犯人はすでに逮捕されているわけで，この暗示的な教示によって，ベンソン氏は逮捕された犯人を何としても見つけ出さなければならないというベンソン氏自身の信念を強められたことになる。問題は，犯人が存在しなかったことであり，またベンソン氏は当然のことながら誰かを選択することを動機づけられ，誤って私のクライアント（リード氏）を識別してしまったことである。これはベンソン氏の記憶に関する不十分なテストのもたらした結果である。より良いテストとは，ベンソン氏にラインナップのなかに犯人がいない可能性があることを警告し，

彼に「犯人はここにはいない」と言える選択肢をはっきりと教示するラインナップであろう。

　写真面割のための写真を選ぶ手続は，不十分でかつ暗示的であった。我々は，ベンソン氏が語った犯罪現場における犯人の詳細を知っているが故に，犯人がどのような外見の持ち主なのかを知っている。私のクライアントは，このコミュニティのなかにいる他の多くの人と同様に，一般的な人相描写に偶然にも一致した。しかしながら，ここで留意すべきことは，写真面割のなかでこの人相描写と一致する人物が他に誰1人としていないことである。あなたは，なぜこれが犯人に関するベンソン氏の記憶の不十分なテストであったのかを証言する，目撃証言の専門家ブリッグス博士の意見を聞いた。ベンソン氏は，彼が犯人に関して与えた人相描写を間違いなく記憶している。犯人に会ったことすらない人であっても，この人相描写を与えられ，この写真面割の機会を与えられたのであれば，誰でも私のクライアントを選択することができるであろう。より公正なテストは，犯人の人相描写と一致する他の人物を写真面割のなかに入れることであった。そのようにすれば，私のクライアントは犯人の人相描写に関する記憶だけに基づいて選択されることはなかったであろう。

……◆……

# 第14章 裁判官による説示

　裁判長は目撃者の記憶に対し，特別説示を与えるか否かの裁量をもつ。特別説示を要求するか否かを決定する際に，弁護士は利用可能なさまざまな説示についてよく理解をしていることが重要である。それらの説示は，重要性や有効性において異なる。

1. 証明責任の説示

　多くの州や連邦裁判所には，陪審員に目撃者の信憑性を判断させる説示がある。その説示は，国側が，被告人が犯人であるという合理的疑いを超えた証明責任を負っているという情報を陪審員に与える。それは常に，被告人ではなく，国側が証明責任を負うことを陪審員に留意させるために有効である。しかしながら，これらの説示は陪審員が目撃証拠を評価する際の助けとはならず，また限られた範囲でしか用いられない。

2. 合衆国 対 テルファイアー事件の説示

　テルファイアー事件[*1]の説示は，目撃証拠を評価する際に考慮すべき諸要因について陪審員に情報を与えてしまったことにより，証明責任の説示の範囲を逸脱している。

…… ◆ ……

　この事件の最も重要な争点の1つは，犯人と被告人との同一性を識別することである。国側は，合理的疑いを超えて同一性識別の証明責任を負う。証人自身が自分の供述の正確性について疑いをもっていないということが本質的な問題ではない。とはいえ，あなたたち陪審員は有罪と判決を下す前に，被告人の同一性識別の正確性に関して合理的疑いを超えて納得させられなければならない。もしあなたが，被告人が犯罪に関係した人物であったことを合理的な疑いを差し挟まないくらいに確信できない場合には，被告人が無罪であると判断しなければならない。

　同一性識別は，証人による信念あるいは印象の1つの表現である。その正確性は，目撃者が犯罪時に犯人を目撃した後に信頼のある同一性識別を行なう機会の有無によって決まる。証人の同一性識別証言を評価する際に，あなたは以下の点について考慮すべきである。

　（1）証人が犯人を観察するための能力と十分な機会をもっていたとあなたは確信していますか？　証人が犯罪時に犯人を観察するのに十分な機会をもっていたかどうかは，たとえば，多いにしろ少ないにし

---

* 1　*United States v. Telfaire*, 469 F. 2d 552, 558-59.（DC. Cir. 1979）

ろどのくらいの時間観察可能であったのか，遠いにしろ近いにしろどのくらいの距離で目撃したのか，明るさ，そして証人が以前にその人物を見たり知ったりする機会があったかどうか，といったようなことがらにより影響を受けるであろう。

（2）犯罪のあとに証人によりなされた同一性識別は，証人自身の記憶によるものであったとあなたは納得できますか？　あなたは，同一性識別の強度と同一性識別がなされた状況の両方を考慮することができる。証人による同一性識別が，被告人が同一性識別のために証人に提示された状況によって影響を受けていたかもしれない場合，よく注意をしてその同一性識別を調べるべきである。あなたはまた，同一性識別の信頼性にかかわる1つの要因として，犯罪の発生と証人が被告人を見る次の機会との間に経過した時間の長さを考えることができる。

（3）あなたは他の証人と同じ方法で，個々の同一性識別証人の信頼性を考慮しなくてはならないし，証人が誠実であるかどうかを考慮しなくてはならない。さらに，証人が自分の証言内容について信頼できる観察をなす能力と機会をもっていたかどうかを考えなければならない。再び，私は検察官の証明責任が，起訴された犯罪すべての要素に及ぶことを強調する。そしてこの証明責任は，特に被告人と被告人が起訴されている犯罪の犯人との同一性識別を合理的疑いを超えて証明する責任を含んでいる。証言を検証した後，同一性識別の正確性について合理的疑いがあれば，被告人が無罪であると判断しなければならない。

……◆……

テルファイアー事件の説示は，陪審員の考慮すべきことがらに関する諸要因の特定リストを提示することによって，証明責任の説示をよりすぐれたものにするが，この説示は，どのような形でそれらの諸要因が目撃者の記憶に影響を

与えるのかを陪審員に説明していないという点において大きな限界がある。この説示は，目撃者の記憶を吟味する際に，当該諸要因を評価する方法の決め方を陪審員の一般常識にゆだねている。この問題は，(2)の点において最も明確に示される。そこでの説示は「あなたは，同一性識別の強度と同一性識別がなされた状況の両方を考慮することができる」と述べる。同一性識別の強さは，目撃者の確信を暗に意味する。しかし，第2章で説明したように，確信は正確性のよい指標にはならない。したがって，テルファイアー事件の説示は間違いを導く可能性がある。すなわち，非常に自信のある目撃者がいる場合，この説示はあなたの主張に悪影響を及ぼす可能性がある。その他の点においては，たとえそのリストが不完全であるとしても，テルファイアー事件の説示は実際に多くの重要な要因を指摘している。

3. 修正されたテルファイアー事件の説示

コロラドスプリングズにあるコロラド大学のエディス・グリーン（Edith Greene）教授は，テルファイアー事件の説示の修正を作成した。彼女の陪審員研究は，オリジナルのテルファイアー事件の説示よりも修正版がより有効であることを説明した。[*2] 修正された説示は次のようなものである。

...... ◆ ......

　この事件の主要な争点の1つは，被告人と犯罪を犯したとして起訴された人物との同一性の点にある。検察側は，犯罪が犯されたということだけではなく，被告人がその犯罪を犯した人物であったという点

---

*2　Greene, E. 1988 *Kidge's instruction on eyewitness testimony: evaluation and revision. Journal of Applied Social Psychology*, **18**, 252-276

について合理的疑いを超えた証明責任を負う。

　同一性識別証言は，犯罪を犯したかもしれない人物についての，目撃者の信念の表現である。犯罪を犯した人物を同定することは，くり返し見た友人を識別することと非常に異なる可能性があるということに留意すべきである。目撃証言を評価する際に，あなたは2組の要因を考慮すべきである。1つ目は，事件が起きたときに存在する要因であり，2つ目は，事件後の同一性識別に影響を与える要因である。

　事件が生じたときに存在する諸要因は，以下に挙げられる。

・どのくらいの時間観察することができたのか。

・どの程度その場所が明るかったのか。そして，

・どの程度目撃者が現場から離れていたのか。

　あなたはまた，どのくらいよく目撃者がそのとき見聞きすることができたかを考慮すべきである。たとえば，もし目撃者が恐れていたり，気が散っていたりしたのであれば，目撃者の知覚したり記憶したりする能力は減少している。

　2つ目の要因は，事件後の同一性識別に影響を及ぼすものである。あなたは，事件と同一性識別の間にどのくらいの時間が経過したのかを考慮すべきである。たとえば，同一性識別の誤りは，時間の経過とともに増加する。また，同一性識別を取り巻く状況を考慮すべきである。たとえば，類似した人物からなる公正なラインナップ（複数面接方式による面通し）による同一性識別は，被疑者1人だけを見せるような同一性識別といった他の形式よりも，より信頼性がある。さらに，目撃者が同一性識別をなす際に，どのくらい確信があったのかを考慮

すべきである。確信は同一性識別が正確であることを意味するかもしれないし，そうでないかもしれない。

　これらの諸要因のすべてを考慮したあとに，被告人と犯罪を犯した可能性のある人物が同一であるとする目撃証言の正確性について合意理的疑いをもつのであれば，あなたは被告人が無罪であると判断しなければならない。

…… ◆ ……

　グリーンの説示は，テルファイアー事件の説示よりも，飛躍的に改善されている。グリーンの説示は，より平易な言語を使用し，より心理学研究の特徴を正確に示し，どのような諸要因が目撃者の記憶に影響を与えるのかについて説明している。

4. 市民 対 ライト事件の説示

　第3の類型の説示は，心理学上の鑑定証言に密接にかかわる。この類型にあたるライト事件の説示は，カリフォルニアの最高裁判所によって支持されている[3]。

---

* 3　*People v. Wright*, 43 Cal. 3d 399.（1987）

5. 目撃証言の要注意性

　この裁判において，目撃証言は，起訴犯罪を犯した人物と被告人との同一性識別を行なう目的でこの公判に採用された。法は，目撃者の同一性識別がいつも信頼できるものではないし，誤った識別の事例が生じることが周知の事実であることを認識している。したがって，あなたは目撃証言を慎重に考え，そして以下に述べる諸要因の観点から注意深く，その証言を評価すべきである。

6. 目撃証言による同一性識別を決定する際に考慮すべき諸要因

　多くの要因が，目撃者の同一性識別に影響を与える可能性がある。この事件の目撃者の同一性識別の価値（信憑性）を判断する際に，先に私が指摘した，一般的にすべての目撃証言に影響を及ぼし得る諸要因を最初に考慮すべきである。しかしまた，目撃者の同一性識別証言に個別に影響を与えるかもしれないそれ以外の諸要因も考慮しなければならない。あるものはあなたの個人的経験から知っているものかもしれないが，他のものは科学研究や証明の対象にもなっている。とりわけ，考慮すべきより重要な要因は以下に示すとおりである。

……◆……

■ 公判の過程では，証拠によって示されない諸要因への言及はすべて削除すべきである。

・証人は犯罪を犯した人物を観察するための十分な機会をもっていたのか？　この質問に答える際に，あなたは，たとえば，目撃者がど

のくらい長い時間犯人を見たかということ，目撃者の位置や，犯人との間の距離，明るさ，また，目撃者の注意を集中させたり，あるいは拡散させ得るすべての状況の有無，といった問題を考慮すべきである。

■ 犯人を観察するための目撃者の能力は，けがやアルコール，あるいはドラッグによって阻害されていなかったのか？

・目撃者がすでに犯人と知り合いであったか，あるいは見知らぬ人物であったのか？　一般的に，人は以前に関係をもったことのない人物よりも，すでに知っている人物をよりよく同定する。

■ 証人と犯人は異なる人種であったのか？　諸研究は，目撃者と識別した人物が異なる人種であった場合，また，特に目撃者が白人であり，犯人が黒人であった場合，その同一性識別は両者が同じ人種である場合よりも信頼できない傾向があることを示した。

・目撃者がすでに犯人と知り合いであったか，あるいは見知らぬ人物であったのか？　一般的に，人は以前に関係をもったことのない人物よりも，すでに知っている人物をよりよく同定する。

・目撃者は，犯罪の直後に犯人の人相描写を行なったのか？　もしそうであれば，被告人はどのくらいよく，その人相描写に適合するのか？

・取調べの時間やその間の出来事により目撃者の記憶は影響を受けたのか？　記憶は時間の経過とともに衰える傾向がある。諸研究は，たとえば他の目撃者による人相描写など，目撃者が他の情報源から

得た情報を無意識のうちに自分の記憶の中に組み込む可能性があることを示した。

・証人は，写真であれラインナップであれ公判の前に被告人の同一性を識別していたのか？　もししていたとすれば，その写真やラインナップは何らかの形で暗示的であったということはなかったのか？　ラインナップによる同一性識別は，写真による同一性識別よりも，より信頼性がある。証人が外見の類似した人物グループにおいて被告人を見た場合の同一性識別は，一人の被告人を見る場合よりもより信頼性がある。

■ いかなる場合においてであれ，公判の前に目撃者が被告人を識別することに失敗したことはなかったのか？　あるいは，他の誰かを被告人として識別したことはなかったのか？

　目撃者の同一性識別の信頼性を決定する単独の要因はないということを，思い出すべきである。複数の要因の存在は，特定の事件においては他の要因の効果を弱める可能性がある。したがって，目撃者の同一性識別証言を評価する際は，その証言の正確性に関係する可能性のあるプラスとマイナス両方に関連のある証拠をすべて評価すべきである。

…… ◆ ……

　おそらく，最も望ましい選択肢は，自分自身で説示を作成することである。その説示は，ライト事件の説示や形式に従うことができるであろうが，内容は自分の事件で重要となる目撃証言や同一性識別の要因に合わせるべきであろう。

付録

**目撃証拠
法実践のためのガイドライン**

1
犯罪の初期報告／第一応答者（予備取調官）

2
マグブックと合成画像

3
捜査を引き継いだ捜査官による目撃者への取調べ手続

4
現場の同一性識別手続（面通し）

5
目撃者が被疑者の同一性識別を行なうための手続

このガイドラインは，連邦司法協会（National Institute of Justice）によって作成された，『目撃証拠：法実践のためのガイドライン（*Eyewitness Evidence：A Guide for Law Enforcement*）』を一部翻訳したものである。

1 犯罪の初期報告／第一応答者
（予備取調官）

A 911／緊急通話の応答（緊急通話対応オペレーター／通信指令係）

原則 目撃証人に対する接触の最初のポイントとして，9－1－1／緊急通話対応オペレーターあるいは通信指令係が，誘導的ではない方法で，通報者から完全で正確な情報を獲得し，伝達しなければならない。この情報は，犯人の人相描写／同一性情報を含み得る。緊急通話対応オペレーター／通信指令係の行動は，捜査に関与したものや関係者の安全に影響を及ぼし得る。

方針 緊急通話対応オペレーター／通信指令係は，犯罪と犯人の人相描写／同一性情報に関する正確な情報を獲得し，伝達するのに資する形で各々の通報に答えなくてはならない。

手続 初期情報を獲得し警察を急送したあと，9－1－1／緊急通話対応の間，緊急通話対応オペレーター／通信指令係は以下のようにすべきである。

① 警察が向かっていることを通報者に確実に伝えること。
② オープンな質問をすること（たとえば，「その車について何か話すことができますか？」）。クローズな質問を用いて補いなさい（たとえば，「その車は何色でしたか？」）。
③ 暗示的あるいは誘導的な質問を避けること（たとえば，「その車は赤色でしたか？」）。
④ その事件について他に知っておくべきことがあれば，訊ねること。

⑤ 対応している捜査官へ情報を伝えること。
⑥ 追加情報がわかりしだい捜査官へ伝えること。

> 要約

　目撃証人から得られた情報は，関係者の安全にとって重大であり，かつ捜査のためにも重要である。どのように事実が通報者から引き出されるかが，得られた情報の正確性に影響を与え得る。

B　現場の捜査（初動捜査の捜査官）

原則　目撃証人からの情報と物的証拠を含め，現場の保存と文書化は，徹底した初動捜査の必須事項である。初動捜査の捜査官によって使用された方法は，捜査を通じて得られた情報の量と正確性に直接的に影響を与える。

方針　初動捜査の捜査官は，現場からできるだけ多くの正確な情報を獲得し，保存し，使用すべきである。

手続　現場を確保し，何人かの負傷者と怪我人に付き添いを付けた後に，初動捜査の捜査官は，以下のようにすべきである。

① 犯人の身元確認。
　a. 犯人の位置を特定すること。
　b. もし，まだ犯人がその現場に存在するのであれば，拘束あるいは逮捕すること。
② どのような犯罪あるいは事件が発生したのかを特定／分類すること。
③ 事件，犯人そして／あるいは車両に関する最新の情報を連絡すること。
④ 目撃証人の身元を確認すること。

⑤ 目撃証人を引き離し，他の証人とその事件の詳細について話し合うことを避けるように目撃証人たちに指示すること。
⑥ 他の目撃証人がいないか，その地域を詳しく調査すること。

|要 約|

現場での初動捜査は，引き続く捜査において情報や証拠を正確に収集するための信頼しうる基盤を形成する。

C 目撃者からの情報の獲得

|原則| 目撃証人から情報を得る際に初動捜査の捜査官が用いる方法は，その情報の量や正確性に直接的に影響を与える。

|方針| 初動捜査の捜査官は，目撃者からの情報を獲得し，正確に文書化し，保存すべきである。

|手続| 目撃証人へ取調べを行なう際に，初動捜査の捜査官は以下のようにすべきである。

① 目撃証人と信頼関係を築くこと。
② 目撃証人の状態を訊ねること。
③ オープンな質問をすること（たとえば，「その車について何か話すことができますか？」）。クローズな質問を用いて補うこと（たとえば，「その車は何色でしたか？」）。誘導的な質問は避けること（たとえば，「その車は赤色でしたか？」）。
④ 目撃証人から与えられた情報を明確にすること。
⑤ 報告書の形で，目撃証人の身元を含め，目撃証人から得られた情報を文

書化すること。
⑥ どんな情報でも付け加えるものがあれば,捜査官に連絡を取るように目撃証人に促すこと。
⑦ メディアとの接触や事件にかかわる報道記事に接することを避けるように目撃証人に促すこと。
⑧ 他に目撃証人になる可能性のある人物とその事件の詳細について話し合うことを避けるように目撃証人に指示すること。

> 要約

目撃証人から得られた情報は,捜査過程で他の証拠(たとえば,物的証拠,他の目撃証人により提供された報告など)を補強し得る。そのため,この情報が報告書に正確に文書化されることが重要である。

2 マグブックと合成画像

A マグブックの準備

注 「マグブック」(すなわち，以前に逮捕された人物の写真を集めたもの)は，事件の際に，被疑者がまだ確定されていない場合や他の信頼できる情報源が使用されつくした場合に使用することが許される。この手段は，捜査の糸口を提供するかもしれないが，その結果は注意して評価されるべきである。

原則 暗示的でない構成のマグブックは，事件の際に，被疑者が確定されていない場合，かつ他の信頼できる情報源が使用しつくされていた場合に証人に対して手がかりを提供する可能性がある。

方針 捜査官／マグブックの作成者は，個人の写真が暗に示唆されるようなことのない方法でマグブックを構成しなければならない。

手続 マグブックに載せるべき写真を選択する際に，作成者は以下のようにすべきである。

① どの写真も過度にめだたないことを確かめ，形式(たとえば，カラーか白黒，ポラロイドか 35mm かデジタル，ビデオかといった)ごとに写真を組み合わせること。
② 一般的な身体的特徴(たとえば，人種，年齢，性別など)に関しては，共通の特徴を有する個人の写真を選択すること。

③ 犯罪の種類（たとえば，性的暴行，暴力団関係など）ごとに写真を組み合わせるよう配慮すること。
④ 同一性識別情報が，マグブックのなかのすべての人間の描写に一致することを確認すること。
⑤ 写真が合理的な範囲で同じ時期のものであることを確認すること。
⑥ マグブックのなかでは，1人1写真だけであることを確認すること。

|要 約|

マグブックは，裁判所において許容され得る捜査の手がかりを生み出すことができるように客観的に編集されなければならない。

B　合成画像の作成と使用

|注|　合成画像は有益な捜査手段である。しかしながら，それらは単独の証拠として使用されるべきではないし，「相当の理由（probable cause）」のレベルへ到達しないであろう。

|原則|　合成画像は，捜査の手がかりを導き出すために用いられる可能性がある人相描写をもたらす。

|方針|　合成画像を作成する人物は，目撃証人の人相描写が合理的に描き出される合成画像技術を選択し，使用しなければならない。

|手続|　合成画像を作成する人物は，以下のようにすべきである。

① 犯人の人相描写を提供する目撃証人の能力を評価すること。
② 利用可能なもの（たとえば，モンタージュ写真のタイプ，アーティスト

あるいはコンピュータで生成された画像など）から使用すべき手続を選択すること。
③　手続の一部でない限り，合成画像の作成前にどのようなものであれ写真を目撃者に直接見せないこと。
④　注意をそらすことを最小限に抑える手続を実施するための環境を選択すること。
⑤　手続は各目撃証人ごとに別々に行なうこと。
⑥　合成画像が犯人を十分に表わしているかどうかを目撃証人とともに決定すること。

|要 約|

　合成画像の使用は，被疑者が確定していない事件において捜査の手がかりを生み出す可能性がある。これらの手続の利用は，犯人に十分に似ていると思われる点を引き出すような人相描写を目撃証人から得ることを容易にすることができる。

C　目撃者への教示

[原則]　手続を行なう前の目撃証人への教示は，犯人に関する目撃証人の記憶の再生を促進し得る。

[方針]　手続を行なう捜査官／人物は，手続を行なう前に目撃証人へ教示を与えるべきである。

[手続]
● マグブック　手続を行なう捜査官／人物は，以下のようにすべきである。

① 各目撃証人に個別に教示すること。
② 目撃証人にはマグブックは単に「写真を集めたもの」にすぎないと説明すること。
③ 目撃証人には，犯罪にかかわった人物が，マグブックのなかにいるかもしれないし，いないかもしれないと，教示すること。
④ 目撃証人に出来事やそのときの心の状態をふり返って考えることを勧めてみることを検討してみること。
⑤ もし可能であれば，1枚の写真を選択するように教示し，かつ可能であればなぜその人物を知っているのかを説明するように教示すること。
⑥ 目撃証人の同一性識別の有無にかかわらず，警察官はその事件の捜査を続けることを目撃証人に確実に伝えること。
⑦ 捜査官は，目撃証人に対し，どれくらい自分の同一性識別が確かかを自分自身の言葉で述べるように教示しなくてはならないと義務づけられていることを伝えること。

● 合成画像　手続を行なう捜査官／人物は，以下のようにすべきである。

① 各目撃証人に個別に教示すること。
② 使用されるであろう合成画像技術のタイプを説明すること。
③ 目撃証人に合成画像がこの捜査においてどのように使用され得るのかを説明すること。
④ 目撃証人には出来事やそのときの心の状態をふり返って考えることを教示すること。

> 要約

目撃証人に教示を与えることは，目撃証人の安心感を高め，結果的に捜査に役立つであろう情報をもたらし得る。

D　手続の文書化

原則　手続の文書化は，目撃証人から得られた結果の正確な記録をもたらす。

方針　手続を実施する者は，使用された手続の形式とその結果を正確に文書化することで，その結果を保存すべきである。

手続　その手続を行なう者は，以下のようにすべきである。

① 手続（たとえば，モンタージュ写真のタイプ，マグブック，アーティストあるいはコンピュータで生成された画像など）を文書化すること。
② 同一性識別に関して，目撃証人の証言の確かさに関して証人自身の言葉を含め，手続の結果を文書化すること。
③ 使用した道具（アイテム）を記録し，生成した合成画像を保存すること。

要約

手続とその結果の文書化は，目撃証人から得られた結果の強さと信頼性を向上させ，捜査やその後の裁判手続において重要な要因となり得る。

付　録

3 捜査を引き継いだ捜査官による目撃者への取調べ手続

A　取調べ前の準備と判断

原則　取調べのための準備は，目撃証人の積極性と捜査官の効率性を最大限に高める。

方針　捜査官は，協力可能な目撃証人および事件に関するすべての情報を再検討し，効率的で効果的な取調べのための準備をしなければならない。

手続　取調べの実施に先立ち，捜査官は以下ようにすべきである。

① 利用可能な情報を再検討すること。
② 目撃証人が肉体的にも精神的にも対応可能な状態になりしだい，すぐに取調べの実施計画を立てること。
③ 目撃証人の安心感を維持しつつ，注意をそらすものを最小限に抑える環境を選択すること。
④ 使える資源（たとえば，メモ用紙，テープレコーダー，ビデオカメラ，取調室など）を確認すること。
⑤ 目撃証人たちを分離すること。
⑥ 法執行機関と接触する前の目撃証人の性質を判断すること。

要約

先に述べた取調べ前の準備を行なうことは，捜査官が取調べによって，非常

に多くの正確な情報を引き出すことを可能にするであろうし，それらは捜査にとって重要な情報となりうる。

B 目撃証人との最初の接触（取調べ前の）

原則 うち解けた気分の目撃証人はより多くの情報を提供する。

方針 捜査官は，目撃証人から最も多くの情報を引き出すのに役立つような形で取調べを実施すべきである。

手続 目撃証人と会い，取調べを始める前に，捜査官は以下のことをすべきである。

① 目撃証人と信頼関係をつくること。
② 事件との関係で警察に接触する前の目撃証人の状況について訊ねること。
③ 被疑者あるいは事件に対する特定の情報を自分の側からすすんで提供しないこと。

要 約

目撃証人と協力関係を築くことが，結果的に多くの正確な情報を生み出す取調べをもたらす可能性が高い。

C 取調べの実施

原則 取調べの技術は,目撃証人の記憶を促進し,取調べの間とその後のコミュニケーションを促すことができる。

方針 捜査官は,目撃証人へ完全で,効率的で,そして効果的な取調べを行なうべきであり,取調べ後もコミュニケーションの促進をはかるべきである。

手続 取調べの間,捜査官は以下のようにすべきである。

① せかすことなく自発的に情報を提供するように目撃証人にはたらきかけること。
② たとえささいなことのように思われても,すべての詳細を報告するように目撃証人を促すこと。
③ オープンな質問をすること(たとえば,「その車について私に何か話すことができますか?」)。クローズな質問や特定の質問を用いて補うこと(たとえば,「その車は何色でしたか?」)。
④ 誘導的な質問は避けること(「その車は赤色でしたか?」)。
⑤ 目撃証人が推測しないように注意すること。
⑥ 出来事が起こったときの状況を心のなかで再現するように目撃証人に求めること(たとえば,「そのときの気持ちを考えてみて下さい」)。
⑦ 非言語的コミュニケーションを促すこと(たとえば,図を描く,身ぶり手ぶりで話す,対象物を示す,など)。
⑧ 目撃証人の話に割り込まないこと。
⑨ さらに情報を思い出したときには,捜査官と連絡を取るよう目撃証人を促すこと。
⑩ 他の目撃証人になる可能性のある人物と事件の詳細を話し合わないように目撃証人に指示すること。
⑪ メディアと接触をもつこと,あるいはその事件にかかわるメディアの説

明にさらされることを避けるように目撃証人に促すこと。
⑫　目撃証人の協力に感謝の意を表すこと。

>　要約

　取調べの間に目撃証人から引き出された情報は，捜査の手がかりやその他の重要な事実を提供する可能性がある。上記の取調べの手続は，目撃証人が最も正確で完全な事件の描写をなすことを可能にし，事後の想起の報告をも促す。一般的に目撃証人は取調べにとって重要な可能性のある追加情報を取調べのあとに想起する。

D　目撃証人の記憶の記録

> 原則　目撃証人の供述記録は，得られた情報を正確かつ完全に反映することによって，この証拠の健全性を保つことになる。

> 方針　捜査官は目撃証人から得られたすべての情報を完全，かつ正確に文書化すべきである。

> 手続　取調べの間，あるいは取調べ後合理的な範囲で，できるだけ早いうちに，捜査官は以下のようにすべきである。

①　目撃証人の供述を記録すること（たとえば，音声あるいはビデオ記録，速記録者の文書，目撃証人が書いた供述書，目撃証人自身の言葉を使用して書かれた要約書など）。
②　記録の確認をすること。変更したり，つけ加えたりあるいは強調したいことがあるかどうか目撃証人に訊ねること。

> 要約

　目撃証人の供述の完全で正確な記録化は，捜査や以後のすべての裁判手続が健全なものとなり，かつ成功をもたらすためには不可欠なものである。

E　目撃証人の供述の個別要素の正確性評価

原則　供述の項目ごとの検討は，供述のどの部分が最も正確かを判断することを可能にする。この検討は，目撃証人によって思い出された情報の1つひとつが，他の要素と別個に思い出されている可能性があることから必要となる。

方針　捜査官は，個々の項目の正確性を判断するために目撃証人の供述の個々の構成要素を再検討すべきである。

手続　取調べを行なったあと，捜査官は次のようにすべきである。

① 目撃証人の供述の個々の構成要素をそれぞれ独立に検討すること。
② すべての供述との関係において，目撃証人の供述の個々の構成要素を再検討すること。供述のなかの矛盾を探すこと。
③ 他の情報源から捜査官にすでに明らかになっている証拠との関係において，供述の個々の構成要素を再検討すること（たとえば，他の目撃証人の供述，物証）。

> 要約

　目撃証人の供述の個々の構成要素に関する正確性の項目ごとの検討は，捜査を絞り込む手助けとなり得る。この技術は，目撃証人の描写の1つの構成要素の正確性と他の構成要素の正確性の指標としてしまうといった一般的な思い

違いを防止する。

F 目撃証人との接触の維持

原則 目撃証人は取調べ終了後に追加情報を思い出したり，提供したりする可能性がある。

方針 捜査官は，目撃証人が追加情報を提供することを可能にするために，オープンなコミュニケーションを維持すべきである。

手続 目撃証人との取調べ後の継続的な接触の間に，捜査官は以下のようにすべきである。

① 目撃証人との信頼関係を再構築すること。
② 何らかの追加情報を思い出したかどうかを，目撃証人に訊ねること。
③ Cの「取調べの実施」およびDの「目撃者の記憶の記録」のなかの，取調べと記録化の手続に従うこと。
④ 他の情報源からの情報を提供しないこと。

要約

しばしば目撃証人との接触や信頼関係の回復は，追加情報の再生を導く。すべての捜査過程において，目撃証人とのコミュニケーション経路を開き維持することは重要なことである。

付　録

4 現場の同一性識別手続（面通し）

A　面通しの実施

原則　目撃証人に対し1人の被疑者を迅速に提示する必要がある場合，その1人の被疑者に対面することに内在する暗示性は，手続的な保護手段の使用を通して減少させることができる。

方針　捜査官は，目撃証人の先入観を回避する手続を使用しなければならない。

手続　面通しを行なう際に，捜査官は以下のことをすべきである。

① 面通しに先立ち，犯人の人相描写を確定し文書化すること。
② 被疑者の勾留の法的影響を制限するために，勾留中の被疑者のところへ目撃証人を連れて行くことを検討すること。
③ 複数の目撃証人が関係している場合：
　a. 目撃証人を別々にし，他の目撃証人と出来事の詳細を話し合わないように指示すること。
　b. 1人の目撃証人から同一性を肯定する識別証言が得られた場合，残った目撃証人に対して他の同一性識別手続（たとえば，ラインナップ，写真配列など）を使用することを検討すること。
④ 目撃証人が見ている人物が犯人であるかもしれないし，そうでないかもしれないことを目撃証人に警告すること。
⑤ 同一性を識別した場合と同一性を識別しなかった場合のいずれに関して

も確信度に関する供述を取り，記録すること。

> 要 約

面通しの利用は，初期段階での捜査情報をもたらすが，面通しに特有の暗示性は，手続的な保護手段を注意深く講じることを必要としている。

Ⓑ 面通しの結果の記録

原則 現場での同一性識別手続の結果の記録は，目撃証人から得られた同一性識別の結果を正確かつ完全に反映している。

方針 面通しを行なう際に，捜査官は肯定であれ否定であれ，目撃証人から得られたすべての同一性識別結果を記録することによって，手続の結果を残すべきである。

手続 面通しを行なう際に，捜査官は以下のようにすべきである。

① 手続の時間と場所を記録すること。
② 識別であれ非識別であれ目撃証人がどの程度確信があるかに関し，目撃証人自身の言葉を含めて，書面で記録すること。

> 要 約

面通しの結果の完全で正確な記録を整えることは，識別であれ非識別であれ，目撃証人から得られた同一性識別の結果の強さと信頼性を高め，捜査と引き続き行なわれる裁判手続において重要な記録となり得る。

付　録

5 目撃者が被疑者の同一性識別を行なうための手続

A　合成画像ラインナップ

原則　ラインナップの公正な構成は，識別であれ非識別であれ，目撃証人がより正確な同一性識別を提供することを可能にする。

方針　捜査官は，被疑者が過度にめだたない方法でラインナップを構成すべきである。

手続
● **写真によるラインナップ**　写真によるラインナップを構成する際に，捜査官は以下のようにすべきである。

① 　各同一性識別手続において，含める被疑者は1人だけにすること。
② 　犯人に関する目撃証人の人相描写に全体的に合致する撹乱者を選択すること。目撃証人から提供された犯人の人相描写が限られている，あるいは不十分である場合，さらには犯人の人相描写が被疑者の外見と明らかに異なる場合は，撹乱者は被疑者のほうの明らかな特徴に類似させるべきである。
③ 　捜査官が複数の被疑者の写真を利用できる場合，事件時の被疑者の人相描写や外見に類似する写真を選択すること。
④ 　個々の同一性識別手続には少なくとも5人の撹乱者（被疑者でない人物）を入れること。

⑤　特徴の完全な統一は必要とされないことに注意すること。被疑者をよく知っている人物が撹乱者のなかから被疑者を区別するのに困難を感じるほど，被疑者に似た撹乱者を用いることは避けること。
⑥　被疑者を特定するのに用いられた特徴的なあるいは特異な特徴（たとえば，傷や刺青など）に関しては，それらすべてを人工的につけ加えたりあるいは隠したりすることによって被疑者と撹乱者の間で一致した外見をつくること。
⑦　事件ごと，あるいは同じ事件に複数の目撃証人がいる場合，その目撃証人ごとにそれぞれのラインナップで被疑者を異なる位置に配置することを検討すること。ラインナップごとにランダムに被疑者を配置すること。
⑧　新しい被疑者を示す場合，同じ目撃証人に同じ撹乱者を再び用いることを避けること。
⑨　過去の逮捕歴の書面や情報が目撃証人に見えないことを確認すること。
⑩　被疑者が過度にめだっていないことを確認するために，いったん完成させた写真の並びを眺めること。
⑪　写真によるラインナップの提示順序を記録すること。さらに，ラインナップの写真自体その時の状態で保存されるべきである。

● **人物によるラインナップ**　人物によるラインナップを構成する際に，捜査官は以下のようにすべきである。

①　各同一性識別手続において，含める被疑者は1人だけにすること。
②　犯人に関する目撃証人の人相描写に全体的に合致する撹乱者を選択すること。目撃証人から提供された犯人の人相描写が限られている，あるいは不十分である場合，さらには犯人の人相描写が被疑者の外見と明らかに異なる場合は，撹乱者は被疑者の明らかな特徴に類似させるべきである。
③　事件ごと，あるいは同じ事件に複数の目撃証人がいる場合，その目撃証人ごとにそれぞれのラインナップで被疑者を異なる位置に配置することを検討すること。場所によってはそうすることが許される場合もあるが，被疑者や被疑者の弁護士が特定の配置を要求しない限り，ランダムに被疑者

を配置すること。
④ 個々の同一性識別手続には少なくとも5人の撹乱者（被疑者でない人物）を入れること。
⑤ 新しい被疑者を示す場合，同じ目撃証人に同じ撹乱者を再び用いることを避けること。
⑥ 特徴の完全な統一は必要とされないことに注意すること。被疑者をよく知っている人物が撹乱者のなかから被疑者を区別するのに困難を感じるほど，被疑者に似た撹乱者を用いることは避けること。
⑦ 被疑者を特定するのに用いられた特徴的なあるいは特異な特徴（たとえば，傷や刺青など）に関しては，それらすべてを人工的につけ加えたりあるいは隠したりすることによって被疑者と撹乱者の間で一致した外見を作ること。

>| 要 約 |

上述の手続は，結果として被疑者が不当にめだたない写真によるラインナップや，人物によるラインナップをもたらす。この方法で構成されたラインナップをとおして得られた同一性識別は，これらの手続なしで得られた同一性識別よりも，強い証拠価値をもつ。

B　ラインナップに先立つ目撃証人への教示

原則　ラインナップを見せる前に目撃証人に与える教示は，識別であれ非識別であれ，目撃証人自身の記憶に基づいた同一性識別を促進し得る。

方針　ラインナップを提示する前に，捜査官は同一性識別手続の目的は，目撃証人が実際の犯人を同定することだけではなく，無実を証明することでもあることを確実に理解させるべく教示をすべきである。

> 手続

- **写真によるラインナップ** 写真によるラインナップを提示する前に，捜査官は以下のようにすべきである。

① 一組の写真を見るよう求められるであろうと目撃証人に教示すること。
② 無実の人間の嫌疑を晴らすことは，有罪の人間を識別することと全く同じくらい重要なことであると目撃証人に教示すること。
③ ラインナップ写真で示される個人は，たとえば髪型や顔髭といった特徴が変化しうるものなので，事件当日と正確に同じ外見ではない可能性があることを目撃証人に教示すること。
④ 犯罪にかかわった人物が，提示されている一組の写真のなかにいるかもしれないし，いないかもしれないことを目撃証人に教示すること。
⑤ 同一性識別がなされたかどうかにかかわらず，警察はその事件を捜査しつづけるであろうということを目撃証人に確認すること。
⑥ 手続上，捜査官は目撃証人に対しどういった形での同一性識別であれ，自分自身の言葉でどの程度確かかを述べるよう求めることを要求されていることを教示すること。

- **人物によるラインナップ** 人物によるラインナップを提示する前に，捜査官は以下のようにすべきである。

① 目撃証人はひとまとまりのグループの個人を見るよう求められるであろうと教示すること。
② 無実の人間の嫌疑を晴らすことは，有罪の人間を識別することと全く同じくらい重要なことであると目撃証人に教示すること。
③ ラインナップに登場する個人は，たとえば髪型や顔髭といった特徴が変化しうるものなので，事件当日と正確に同じ外見ではない可能性があることを目撃証人に教示すること。
④ 犯罪にかかわった人物がグループのなかにいるかもしれないし，いないかもしれないことを目撃証人に教示すること。

⑤ 同一性識別がなされたかどうかにかかわらず，警察はその事件を捜査しつづけるであろうということを目撃証人に確認すること。
⑥ 手続上，捜査官は目撃証人に対しどういった形での同一性識別であれ，自分自身の言葉でどの程度確かかを述べるよう求めることを要求されていることを教示すること。

> 要約
>
> ラインナップの提示の前に目撃証人に与える教示は，目撃証人から得られるすべての同一性識別の正確性や信頼性を高める可能性があり，捜査から無実の人々を排除することを促進することができる。

C 同一性識別手続の実施

原則　同一性識別手続は目撃証人の同一性識別の信憑性，公正さ，そして客観性を高める方法で行なわれるべきである。

方針　識別であれ非識別であれ，捜査官は正確な同一性識別の判断を導くような形でラインナップを行なうべきである。

手続
● 同時提示型の写真ラインナップ　同時提示型の写真ラインナップを提示する際に、捜査官は以下のことに注意すべきである。

① Bの「ラインナップに先立つ目撃証人への教示」で概説したように，目撃証人に対して閲覧時の教示を与えること。
② 目撃証人がラインナップ手続の性質を理解していることを確認すること。
③ 目撃証人の選択に影響を与えるようなことを目撃証人に言わないように

すること。
④　同一性識別がなされる場合，その目撃証人の確信に関する供述を得る前までには，選ばれた個人に関するいかなる情報であれ，それを目撃証人に伝えないようにすること。
⑤　Ｄの「同一性識別の結果の記録」で述べるように，同一性識別の結果や確信に関する目撃証人の供述をすべて記録すること。
⑥　以下の点を含め，写真によるラインナップ手続を書面化すること。
　a．同一性識別情報と用いられたすべての写真の出典
　b．写真によるラインナップで提示されたすべての人物の名前
　c．同一性識別手続の日時
⑦　同一性識別手続あるいはその結果について，事件にかかわった他の目撃証人と話し合わないように，またメディアとの接触はしないように目撃証人に教示すること。

●**順次提示型の写真ラインナップ**　順次提示型の写真ラインナップを提示する際に，捜査官は以下の点に注意すべきである。

①　Ｂの「ラインナップに先立つ目撃証人への教示」で概説したように，目撃証人に対して閲覧時の教示を与えること。
②　加えて目撃証人に次の閲覧時の教示を示すこと。
　a．個人の写真は一度に１枚ずつ提示されること。
　b．その写真の順番はランダムであること。
　c．次の写真に移る前に，それぞれの写真について判断をなすのに十分な時間を取ること。
　d．たとえ同一性識別がなされたとしても，すべての写真が提示されること。あるいは，同一性識別を行なった時点でその手続は終了すること（これらの点は，各裁判管轄／各部の手続にあわせて教示がなされる）。
③　目撃証人が順次手続の性質を理解していることを確認すること。
④　個々の写真は，事前に決められた順番で，先に提示された写真と交替で個別に目撃証人に示すこと。

⑤ 目撃証人の選択に影響を与える可能性のあるようなことを目撃証人に言わないようにすること。
⑥ 同一性識別がなされる場合，その目撃証人の確信に関する供述を得る前までには，選ばれた個人に関するいかなる情報であれ，それを目撃証人に伝えないようにすること。
⑦ Dの「同一性識別の結果の記録」で述べるように，同一性識別の結果や確信に関する目撃証人の供述をすべて記録すること。
⑧ 以下の点を含め，写真によるラインナップ手続を書面化すること。
　a．同一性識別情報と用いられたすべての写真の出典
　b．写真によるラインナップで提示されたすべての人物の名前
　c．同一性識別手続の日時
⑨ 同一性識別手続あるいはその結果について，事件にかかわった他の目撃証人と話し合わないように，またメディアとの接触はしないように目撃証人に教示すること。

● **同時提示型の人物ラインナップ**　同時提示型の人物ラインナップを提示する際に，捜査官／ラインナップ担当者は以下の点に注意すべきである。

① Bの「ラインナップに先立つ目撃証人への教示」で概説したように，目撃証人に対して閲覧時の教示を与えること。
② ラインナップのすべての参加者に対し，どのような形であれ，ラインナップにおける被疑者の位置や被疑者であることを暗示しないように教示すること。
③ 同一性識別のために行なったすべての行為は（たとえば，話したり，動いたりなど），確実にラインナップメンバー全員によって行なわれること。
④ 目撃証人の選択に影響を与える可能性のあるようなことを目撃証人に言わないようにすること。
⑤ 同一性識別がなされる場合，その目撃証人の確信に関する供述を得る前までには，選ばれた個人に関するいかなる情報であれ，それを目撃証人に伝えないようにすること。

⑥　Dの「同一性識別の結果の記録」で述べるように，同一性識別の結果や確信に関する目撃証人の供述をすべて記録すること。
⑦　以下の点を含め，ラインナップを書面化すること。
　a．ラインナップ参加者の同一性識別情報
　b．ラインナップに登場したすべての人物の名前
　c．同一性識別手続が行なわれた日時
⑧　写真あるいはビデオでラインナップを記録すること。この記録は，ラインナップを明確かつ公正に示す程度の質がなくてはならない。
⑨　同一性識別手続あるいはその結果について，事件にかかわった他の目撃証人と話し合わないように，またメディアとの接触はしないように目撃証人に教示すること。

● 順次提示型の人物ラインナップ　順次提示型の人物ラインナップを提示する際に，捜査官／ラインナップ担当者は以下の点に注意すべきである。

①　Bの「ラインナップに先立つ目撃証人への教示」で概説したように，目撃証人に対して閲覧時の教示を与えること。
②　加えて目撃証人に次の閲覧時の教示を与えること。
　a．人物は一度に1人ずつ提示されること。
　b．人物は，ランダムな順番で提示されること。
　c．次の人物に移る前に，それぞれの人物について判断をなすのに十分な時間を取ること。
　d．犯罪を犯した人物がいた場合，その人を示すこと。
　e．たとえ同一性識別がなされたとしても，すべての人物が提示されること。あるいは，同一性識別を行なった時点でその手続は終了すること（これらの点は，各裁判管轄／各部の手続にあわせて教示がなされる）。
③　ラインナップは，すべての参加者が目撃証人からは見えない状態で始めること。
④　ラインナップのすべての参加者に対し，どのような形であれ，ラインナップにおける被疑者の位置や被疑者であることを暗示しないように教示する

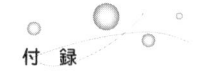

こと。
⑤　個々の人物は，事前に決められた順番で，先に登場した人物と交替で個別に目撃証人に示すこと。
⑥　すべての同一性識別のために行なったすべての行為は（たとえば，話したり，動いたりなど），確実にラインナップメンバー全員によって行なわれること。
⑦　目撃証人の選択に影響を与えるかもしれないことを目撃証人に言わないようにすること。
⑧　同一性識別がなされる場合，その目撃証人の確信に関する供述を得る前までには，選ばれた個人に関するいかなる情報であれ，それを目撃証人に伝えないようにすること。
⑨　Dの「同一性識別の結果の記録」で述べるように，同一性識別の結果や確信に関する目撃証人の供述をすべて記録すること。
⑩　以下の点を含め，ラインナップの手続とその内容を書面化すること。
　a．ラインナップ参加者の同一性識別情報
　b．ラインナップに登場したすべての人物の名前
　c．同一性識別手続が行なわれた日時
⑪　写真あるいはビデオでラインナップを記録すること。この記録は，ラインナップを明確かつ公正に示す程度の質がなくてはならない。写真による記録は集合写真でも個別写真でもかまわない。
⑫　同一性識別手続あるいはその結果について，事件にかかわった他の目撃証人と話し合わないように，またメディアとの接触はしないように目撃証人に教示すること。

要約

同一性識別手続が実施される方法は，同一性識別の信憑性，公正さ，そして客観性に影響を及ぼしうる。上記の手続の使用は，目撃証人の記憶に対する外的影響を最小限にすることができる。

D 同一性識別の結果の記録

原則 同一性識別手続の結果の記録は，目撃証人から得られた同一性識別結果を正確かつ完全に映し出す。

方針 同一性識別手続を行なう際に，識別であれ非識別であれ，捜査官は目撃証人から得られたすべての同一性識別の結果を記録することで手続の結果を残すべきである。

手続 同一性識別を実施する際に，捜査官は以下の点に注意すべきである。

① 目撃証人がどの程度確信があるかに関し，目撃証人自身の言葉を含めて，識別であれ非識別であれ，同一性識別の結果を書面化すること。
② 結果に目撃証人の日付とサインがあることを確認すること。
③ 先の同一性識別結果を示す材料が，目撃証人に見えないことを確認すること。
④ 目撃証人が他の同一性識別手続で使用されるであろう材料に，書き込んだり印をつけないよう確認すること。

要約

同一性識別手続の結果の完全かつ正確な記録を準備することは，識別であれ非識別であれ，目撃証人から得られた同一性識別結果の強さと信憑性を向上させる。この記録は，捜査やその後の裁判手続において重要な書証となり得る。

原著者であるカトラー教授について

　ブライアン・L・カトラー（Brian L. Cutler）は，1987年にウィスコンシン大学マジソン校から社会心理学の博士号を取得し，1987年から2002年までフロリダ国際大学の心理学部心理学科に奉職した。彼は，現在ノースカロライナ大学シャーロット校心理学部の教授であり，学部長である。カトラー博士は，目撃者の記憶の心理学と，誤った目撃者の同一性識別から生じる「誤った有罪判決」から市民を守るための仕組みの有効性に関する40を超える出版物を著した。目撃者の記憶に関するCutler博士の研究は，アメリカ科学財団により資金を供給されてきたし，ナショナル・パブリック・ラジオ，地元のテレビで放送されたニュース・ステーション，そしてニューヨークタイムズとワシントンポストを含む35以上の新聞記事のなかで取り上げられてきた。カトラー博士は，目撃者の記憶の心理学に関する法曹の継続教育のコースを担当することもしばしばあり，州と連邦裁判所において弁護士と専門家証人への相談役もしている。

■■■ 訳者紹介

■ 浅井千絵（あさい　ちえ）
- 1971 年　千葉県に生まれる
- 1994 年　東北福祉大学社会福祉学部福祉心理学科卒業
- 1998 年　福島大学大学院地域政策科学研究科修了
- 2003 年　千葉大学大学院自然科学研究科博士後期課程単位取得退学
- 2004 年　博士（学術）（千葉大学）
- 2005 年　名古屋大学大学院法学研究科特任講師　現在にいたる

【主著】
- 『現代のエスプリ 350　目撃者の証言』（共著）至文堂　1996 年
- 『教科書　社会心理学』（共著）北大路書房　2000 年
- 『既知性が目撃者の同一性識別に及ぼす影響——正確性と確信度の関係』（単著）　心理学研究 72 巻 4 号　2001 年
- 『既知人物の目撃証言の信憑性——裁判事例を用いた心理学的視点からの判例分析』（共著）法と心理，**2**（1）　2002 年
- 『現代のエスプリ 441　ボトムアップ人間科学の可能性』（共著）至文堂　2004 年

■ 菅原郁夫（すがわら　いくお）
- 1957 年　秋田県に生まれる
- 1983 年　東北大学法学部卒業
- 1983 年　東北大学法学部助手
- 1988 年　福島大学行政社会学部助手，助教授（1992 年から 1994 年までカルフォルニア大学バークレー校にて客員研究員）
- 1999 年　千葉大学法経学部助教授，教授　を経て
- 2000 年　博士（法学）（東北大学）
- 2001 年　名古屋大学大学院法学研究科教授（法科大学院専任）　現在にいたる

【主著】
- 『民事裁判心理学序説』（単著）信山社　1998 年
- 『21 世紀の法律相談』（共編）至文堂　2002 年
- 『法律相談の面接技法』（共編）商事法務　2004 年
- 『法と心理学のフロンティア 1 巻，2 巻』（共編）北大路書房　2005 年
- 『利用者からみた民事訴訟』（共編）日本評論社　2006 年

目撃証人への反対尋問
証言心理学からのアプローチ

2007年8月20日　初版第1刷印刷	定価はカバーに表示
2007年8月25日　初版第1刷発行	してあります。

原 著 者　B.L.カトラー
訳　　者　浅 井 千 絵
　　　　　菅 原 郁 夫
発 行 所　㈱北大路書房
　　〒603-8303　京都市北区紫野十二坊町12-8
　　　　　　電　話　(075) 431-0361㈹
　　　　　　Ｆ Ａ Ｘ　(075) 431-9393
　　　　　　振　替　01050-4-2083

© 2007　　　　　制作／T.M.H.　印刷・製本／㈱太洋社
　　　　検印省略　落丁・乱丁本はお取り替えいたします。
　　　　ISBN978-4-7628-2577-4　Printed in Japan